給忙於迎合他人，
卻無法喜歡自己的我們

孤獨，你好

孤独よ、こんにちは。

枡野俊明……著
黃筱涵……譯

目錄

Chapter 2

與家人相處時的孤獨

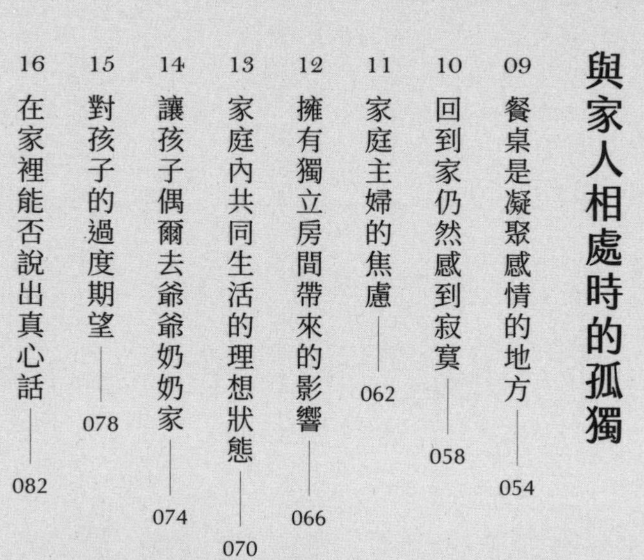

Chapter 3

與珍惜的人待在一起，卻依然孤獨

Chapter 4

職場人際關係的煩惱

Chapter 5

如何與孤獨共處

前言

關於「孤獨」這個詞，辭典裡的解釋是「孤零零的」。不管是物理上呈現一個人的狀態，還是身邊有許多人，只要內心覺得「孤零零的」都稱得上是孤獨。

有些人很害怕這種狀態。孤零零的孤獨，像是寂寞的負面形象——應該有很多人都是這麼認為的吧？

我們獨自來到這個世界，離開時也是孑然一身。孤零零地誕生，空蕩蕩地離世。無論和家人的感情多麼緊密，都沒人能夠陪我們度過最後的關卡。就算是摯友，也無法在生死路上相伴。

也就是說，「獨自一人」才是人類最自然的狀態。孤獨本身並無所謂好壞，以人類來說更是極其理所當然。所以，我們首先必須正視這個原點，重新體認到身為人類，孤身一人是天經地義的事。

然而，人類卻無法獨自生存。我們身邊總有人來來去去，在借助了許多人的幫助活下來之餘，也成為其他人生存的力量。我們都存活在人與人「之間」，正因如此，日文才將人類稱為「人間」。

我們生存在社會當中，而社會則衍生出複雜的人際關係。自出生以來，我們締結的第一份關係，想必是雙親吧？接著才慢慢增加兄弟姊妹或朋友等其他的羈絆。

長大成人後，這些羈絆會一下子擴張開來。我們透過工作和興趣而建立起許多關係，其中有些符合期望，也有亟欲斬斷的關係。

無論是哪一種關係，都會隨著我們活在這個社會中不斷地增加，因此，我們往往會不小心忘記自己本來就是「孤獨」的個體。

因為覺得總是和某人有所連結是理所當然的——當產生這樣的錯

覺時，就會認為一個人獨處有點不太對勁。與其說是不對勁，不如說我們甚至害怕獨處。這種帶著錯覺的不舒適感，以及對獨處的恐懼將大肆襲來，讓我們不禁認為「孤獨實在太寂寞了」。

當這種偏見過於強烈時，人們就會下意識渴求與某個人的連繫。甚至連瞬間的獨處也不想面對，更開始透過社群網站等追逐起表面的羈絆。

追求虛幻的「羈絆」，並且執著於此。我認為這並非真正的幸福。

我是一位禪僧。所謂的禪僧，修行時會保持孤獨的狀態。就算有互相鼓勵的修行同志，禪坐時仍會進入孤身一人的境界。一旦踏入禪的世界就沒有其他人，只能感受到自己與釋迦牟尼佛（世界真理）的存在。禪僧們會仔細去品味、學習並熟悉這份「孤獨」。

「每個人都必須保有獨處的時間。」我總是將這句話掛在嘴邊，因為不正視孤獨就無法遇見最真實的自己。

佛教中的生存意義，終究還是在於遇見「真實的自我」，也就是探究自我的存在與這個世界的真理。

也因此，倘若沒有獨處的時間，就會迷失真實的自己。唯有認真凝視自我，才能夠活出自我。這正是生而為人的使命，也是生而為人的喜悅。

恐懼孤獨、抗拒獨處的話，終究會開始否定起自己的人生。

相信此刻正有人遭受「孤獨感」的侵蝕吧？也有人快要被孤身一人的寂寞壓垮了，對吧？本書就是專為這樣的人所撰寫的。

我們該如何看待人生中的孤獨？如何在日常中面對孤獨？我想透

過本書傳達我對孤獨的想法。

「對人類來說，孤獨是理所當然且自然的事情。」若各位在閱讀時能夠牢記這段話，我將深感榮幸。

Chapter 1

孤獨是什麼？

孤独って何ですか

人們害怕的並非孤獨，而是被社會所孤立……即使沒有能互相理解的人在身邊，只要心裡明白依然有人關心自己、理解自己，便能夠從寂寞中解放出來。

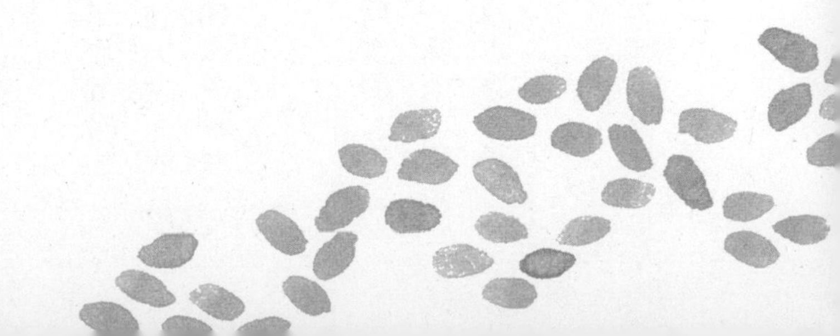

01

孤獨與孤立不同

近年來，出現了「孤獨死」這個名詞，光看字面就令人膽寒。我們在離世時都是孤獨的。獨自誕生、獨自死亡，儘管明白這個道理，卻仍無法撫平在孤獨中死去的恐懼。

任誰都希望最後闔上眼時，能夠有人陪在身邊。即使嚥下最後一口氣時是獨自一人，也希望有人能盡快發現自己已經不在人世。我們不免會聽聞有誰生前無人照料、死時沒人發現，遺體就躺在原地好幾天的消息，每次都令人感到揪心。

這種「孤獨死」在不久前的日本還不常見。當時三代同堂的大家庭相當普遍，人們過著難以意識到孤獨的生活。就算沒有與家人同住，往往踏出家門就會遇見左鄰右舍或親戚，這樣的社會也應該不會讓人覺得孤獨吧？

但是在現今社會，三代同堂的情況變少了，人們在各自的小家庭中過著獨立的生活。即使是四人家庭，等孩子長大成人後只剩下夫婦兩人相守，總有一天，其中一方先離世，也會獨留其中一人。更何況，據說現在的日本每五人就有一人終生未婚，所以遲早自己也可能會面臨「孤獨死」吧？光是這麼想，就有無以名狀的不安襲捲而來。

「孤獨」與「孤立」是完全不同的。其實，所謂的「孤獨死」應該稱為「孤立死」才對。**人們害怕的並非孤獨，而是被社會所孤立。**若是不想被孤立的話，該怎麼做才好呢？平常就必須多和他人往來吧？寫到這裡，總覺得要費一番功夫才行。

如果想要和他人維持聯繫，避免被社會孤立的話，其實有個很簡單的方法，那就是重視「打招呼」這件事情。例如，見到同公寓的住戶時，面帶笑容說聲「早安」或「你好」，不必在意對方是什麼樣的人或是住在哪個樓層，也不必想著要和對方親近或是成為朋友。**只要記得面帶笑容打招呼即可。**

沒有人會討厭笑著對自己道「早安」的人。就算是不熟的對象，聽到問候，也會不由自主地面露微笑，內心升起今天似乎會過得不錯的想法。即使是稍縱即逝的交集，仍然會產生人與人之間的溫暖羈絆。只要留心打招呼，就會慢慢記住彼此的面容。

無論是社區還是職場總會有遭受孤立的人，這些人的共通點往往是忽視了打招呼。**不打招呼也不與他人視線交會，存在感當然愈來愈淡薄，無法在誰的記憶或心裡留下痕跡，而這就是所謂的孤立。**

現在已經不是以前那種即使不打招呼、態度冷漠，也會有人靜靜守護著自己的時代了。不主動創造交集的話，就會在不知不覺間陷入孤立的狀態。

孤獨對人類來說是極其自然的，但是孤立並不自然。儼然就像遭到社會放逐的孤立，對人類來說才是最可怕的。想要避免這種事情發生，就必須重視打招呼才行。

02

思考沒有答案的問題

我們在日常生活中，總是伴隨著形形色色的思考。從早上起床到夜晚入眠為止，我們的腦袋總是毫無停歇地運轉著。

今天的工作要怎麼處理才好？當前的問題要如何解決？今晚該準備什麼晚餐？孩子們的學校活動得抽出時間參加……腦中的思緒太過繁雜，一天的光陰轉眼就過去了。

思考對於生活的經營來說極其重要，但有時也要稍微停下腳步，試著重新檢視自己的日常生活。

你是否因為每天忙得不可開交，而忽視了真正該思考的事情呢？乍看之下一直都在思考，實際上什麼都沒想清楚，甚至沒有多餘的心力去省視自己的生存方式。相信有許多人都陷入了這樣的狀態。

思考，這種行為可分成兩種。

一種是為了找出某個問題的解決方法或答案而思考。另一種則是**或許沒有標準答案，但是身為人類卻不得不思考的事情。**

舉例來說，該如何執行眼前的工作？手上的任務該怎麼收尾？這樣的問題是有答案的，必須與共事的夥伴們站在相同的立場，才能夠引導出正確答案。需要集結團隊夥伴各自的創意，找出最適合的做法。

只要是準備過考試的人，都很擅長這方面的思考，因為我們已經習慣這種為了找出答案而努力的方式。

但是人們卻不擅長面對沒有答案的問題。無論多麼努力思考，都找不到通往解答的路。別說找不到答案了，或許也有很多人認為，既然是沒有明確答案的事情，為什麼還要不斷思考呢？這不是在浪費時間嗎？

在禪的修行中，總是會不斷思索沒有特定答案的問題，我們稱之為「禪問答」。

其中就有個非常有名的公案（禪宗術語，指禪宗祖師的言行或小故事）——「狗子有佛性也無？」（狗是否具備佛性？）簡單來說，就是在問「狗是否也和人一樣，具備毫無汙穢的純粹心靈」。

「狗和保有赤子之心的純粹人類同樣都擁有心。」「不，身為畜生的狗，不可能擁有與人類相同的心靈。」人們會對此提出各自的論述，但不會有標準答案。既然如此，為什麼禪的修行還要探討這種沒有答案的問題呢？

這其實是為了傳達「深度思考」的重要性。世界上有許多問題，無論多麼認真思考，都找不到讓人豁然開朗的答案。但是禪的修行想藉由這番提問告訴我們，**儘管如此，也要找出屬於自己的答案，**

這件事非常重要，並藉此體認到這就是所謂的人生。

各位是否曾在繁忙的日常中，不經意浮現如此想法呢？「這樣活下去真的沒問題嗎？」「我到底是為了什麼而努力？」「我走上現在的這條路，是正確的選擇嗎？」即使知道沒有正確答案，仍會不由自主思考自己的人生與最終的目標，而這也是人類的本性。

我們會在回首來時路之餘，展開探索未來的自問自答，而這其實是非常重要的時光。哪兒都沒有明確的答案，也不會有誰告訴我們。但是如果停下這種自問自答，我們就會在人生中漸漸迷失方向。

我們可能會因此搞不清楚自己到底是誰，只是在忙碌的生活中隨波逐流。停止主動思考，一味追隨世俗與他人的想法。如此一來，就不再是活出自己的人生，而是模仿某個人的人生罷了。

面對真實的自我，思考自己的人生。這是只有在孤獨中才辦得到的事情，也是沒有辦法與人商量的事情。**唯有脫離人群，回歸孤獨，才能夠面對真正的自己**。

現代有過多妨礙孤獨的因素，好不容易獲得珍貴的獨處時光，卻還是盯著手機，甚至耗費心力回覆社群網站的留言。妨礙孤獨的因素過多，就等同於妨礙我們深度思考。於是，作為一個人類該盡的兩種「思考」，就被剝奪了其中一種。

03

何必過度在意他人看法

有些人說自己害怕獨處，一旦不隨時保持身邊有人的狀態就會不安。無論陪在身旁的人是誰都無妨，總之，就是不願意獨自一人。

我並非不能理解這樣的心情，但還是認為稍嫌幼稚。就像小學或國中時，總以為和許多朋友待在一起是理所當然的，每天必定會一起上學、一起吃飯，下課時也要一起去上廁所。那是段鮮少獨自行動的時期。

但是長大成人後，與他人膩在一起的時間變少了，獨處的時間則隨之增加，這樣的變化是理所當然的。然而，卻有人在成年之後仍想像學生時期一樣，總希望有人陪在身邊。我認為這樣的想法背後，潛藏著還未成熟的自己，以及對他人看法的過度在意。

就拿職場的午餐時間來說吧。假設認為必須和同事一起用餐才行，就會有人整個早上都在思考中午要約誰？有沒有適合的人選？

當然和合拍的夥伴共進午餐是非常愉快的，還具有轉換心情的功效。

但，並不是非得這麼做不可，午餐時間獨自用餐是沒關係的。然而，總會有人對於獨自用餐感到莫名地恐懼，擔心別人看到自己在公司餐廳單獨用餐會產生某些不當想法。像是：

「那個人總是一個人吃飯，是不是沒有能夠共進午餐的朋友呢？是不是在公司格格不入呢？」要是給人如此形象就太可怕了。

但如果真有人這麼想，就隨便他們吧。畢竟這不會對任何人造成困擾。這世界並沒有午餐必須和他人一起才行的規則。

一個人用餐還是兩個人用餐都無所謂，但或許是長年習慣了與他人待在一起的學校生活，才讓人對此難以適應，進而感到抗拒。

另一個無謂的煩惱，就是害怕被排擠的心情。而這同樣非常幼稚。

你有時也會收到實在沒興趣的酒會邀約，對吧？如果能夠果斷拒絕，說出「今天不行」就好了，但是卻有人不敢拒絕。「這次拒絕的話，下次說不定就不會再約我了。」「上次好不容易拒絕了，可不能連續拒絕兩次啊。」於是便勉強自己參加了。

拒絕一次就不會再約的話，代表彼此之間的關係也不過如此。對方並非真心想和你一起喝酒。

既然是這種程度的關係，不再約第二次也無妨，更何況，這麼脆弱的關係遲早也會疏離的。我認為，沒必要緊抓著這樣的關係不放，不需要對此太過費心，所以才會說這是無謂的煩惱。

然而，被排擠與孤獨是截然不同的兩件事情。

請將被排擠想成脫離一個團體。即使現在得到這種出自相同目的、興趣或嗜好所組成的團體接納，等到某天自己的目標改變或者找到新的興趣，自然而然就會脫離這個團體，並且再次遇到新的夥伴。**所謂的人際關係，就是反覆的聚散**。

脫離一個團體，正是締結新關係的好機會。最重要的是，此後便能夠光明正大獨自一人，並且由衷地享受。能夠如此磊落地獨自開心享用午餐的人，在別人眼中想必非常帥氣。

04 不和他人比較

人類追根究底就是孤獨的，但是卻沒辦法獨自生存，必須與他人構築關係才能夠活下去。

「我自己一個人也能夠活得很好，不想和其他人扯上關係。」即使秉持著如此想法，仍無法徹底拒絕所有的交集。而既然人生總會與他人有所牽繫，不免也會產生與之相較的心態。

「不要隨便與他人比較。」禪告訴我們：「萬物的存在都是絕對的。」別人是別人，自己是自己。唯有帶著如此覺悟，才能夠從形形色色的煩惱中解脫。**多餘的比較，只會帶來痛苦而已**。

任誰都知道和他人比較並不能改變什麼，但是儘管心知肚明，仍會不由自主這麼做。要做到完全不和他人比較，其實是非常困難的。就連百般修行的僧侶，也難免與其他僧侶比較。

或許人類並沒有想像中堅強吧。

既然無法擺脫與他人相較的心理，那麼，就改善自己的心態吧。我們都有過和他人比較之後感到欣羨的經驗，羨慕或嫉妒著某個人，是無法徹底避免的。

我認為羨慕與嫉妒是不同的。「羨慕」是種正面的態度。

譬如說，當腦中浮現「那個人工作獲得好評，真不錯」的想法時，會產生「好，我也要努力獲得好評」的心情，對吧？這就是所謂的「羨慕」。

另一方面，嫉妒則是對自身絲毫沒有幫助的心態。「那個人的評價比我好，真討厭。希望他可以出大包且評價下跌。」這種不想努力，只打算踩著別人往上爬的心情就是「嫉妒」。嫉妒不僅不會帶來任何好處，自己也完全無法成長。

和他人比較是無法避免的，但不要在比較後感到嫉妒，而是要透過比較讓自身成長。只要能夠做到這點，那麼和他人的比較，就會對人生產生助益。

接下來，有個必須先思考的問題。那就是不由自主與他人比較的狀況。雖然這是無法避免的，但只要善加運用這份心情，就能夠為自己添加分數。

儘管如此，還是有無法提升自我的比較，那就是「和世界上所有資訊做比較」的行為。

我們會透過社群網站獲知大量的資訊，卻並非全然有益，在這其中混雜著許多沒用的訊息，甚至還有惡質到讓人寧可不知道的，所以我們必須學習如何不隨著這些資訊起舞。

舉例來說，世界上有所謂的「平均值」，像是「上班族的平均年收」、「結婚的平均年齡」、「一般家庭的平均存款」等，舉目皆是敘述平均值的數字。這些數字代表著國家或經濟的發展指標，一般來說不必太過在意，因為那只會徒增內心的不安而已。

「社會的平均存款金額是一千萬日圓，我家卻只有一百萬日圓而已，這樣老了之後活不下去怎麼辦。」「幾乎所有人都三十多歲就結婚了，只有我都四十歲了，卻連交往的對象都沒有。」日常生活中，常會有將社會的「平均值」拿來與自己比較，而後感到安心或焦慮的情況發生。

既然存款低於平均值會感到不安，那麼，明天開始有計畫地存錢就好了。如果沒辦法的話，就加把勁努力，直到有多餘的錢可以存下來為止即可。

畢竟存款多寡與幸福無關。二十多歲結婚就等於幸福嗎？能夠在想結婚的時候順利結婚，才是真正的幸福吧？

和具體的對象做比較後，浮現自己也必須努力的想法，是一件很棒的事情。然而「社會」是虛無飄渺的，與之比較可以說是最無意義的事了。

05

有人陪伴仍會感到孤獨

即使周遭有朋友、夥伴，但不知為何，有時仍會感到孤獨。儘管表面上玩得很開心，內心卻隱約有種待不下去的感覺。或是總覺得只有自己格格不入。

其實，和別人待在一起，反而比物理上的獨自一人更容易感受到孤獨。只有自己一個人時，雖然會覺得有點寂寞或不滿足，卻意外地不那麼感到孤獨。但是，和一整群人在一起，若察覺到自己與他人的內心有著隔閡，孤獨感就會油然而生。

舉例來說，和五個朋友相聚時，只有自己接不上話；或者大家都有共通話題，只有自己不知道他們在聊什麼。遭遇這種狀況時，就會分外覺得疏離。

身邊有人卻還是覺得孤獨，原因就出在這份只有自己進不去小圈圈的疏離感吧？此時，為了擺脫這種距離感，我們往往會勉強自己配合大家的話題。迎合他人不是什麼壞事，只要彼此懂得互相照應，就能形成舒服的人際關係。

但是我仍然認為不應該過於勉強，因為一旦掩飾真實的想法，難過的終究還是自己，而且對方遲早也會注意到你只是在遷就而已。

此外，這種關係往往會演變成強者與弱者的關係。強勢的一方總是強調自己的主張，弱勢的一方就得經常配合對方。我不清楚究竟是什麼原因造成的，只知道世界上存在著許多這樣的關係。

如果你是一段關係中的弱勢方，總得配合對方的步調，當對此感到疲憊時，請立刻停止這種做法。雖然不迎合他人就可能會遭到排擠，但是被踢出小圈圈後獨自一人有什麼不好嗎？**這世界上沒有重要到必須勉強自己去迎合的關係，所以請儘早逃跑吧，然後另找一**

個能夠坦率表現自我的場所。

有些人儘管對迎合他人感到痛苦，卻始終無法擺脫這樣的關係。其實，原因就出在當事人自己。明明不顧一切逃走就能夠解脫了，當事人卻選擇繼續待在這樣的關係裡。為什麼辦不到呢？通常是因為太執著於人際關係了。

請各位冷靜思考一下。無論是往來多久的朋友，只要各自步上不同的道路，彼此的想法也會慢慢改變。曾經能夠互相分享心事，現在卻變得話不投機，然而，若因為是交情很深的朋友，就強迫自己與對方繼續保持往來，結果往往會形成絲毫沒有樂趣與溫暖的關係。

如果對迎合他人感到痛苦，或是在小團體中覺得格格不入時，就先試著跳脫看看吧。幾年後有什麼新想法時，再和對方重新連絡就好。如果一年沒見面就自然變得疏離，那就任其消滅吧，反正這段關係也不過爾爾。

如果和誰在一起時會感到孤獨的話，就別再和對方膩在一起了。

我認為，放下對這個人的執著，自然就不會平白感到孤獨了。

06 對社群網站的過度依賴

日本社會很常聽到「以心傳心」這句話。這原本是佛教用語，意思是自己心裡所想的不用說出口也能傳達給對方知道。代表即使彼此距離遙遠，對方依然能理解自己的想法。

各位想必也有過這樣的經驗吧——無論多麼忙碌，卻不自覺地想起母親：「媽媽過得還好嗎？有沒有生病呢？」而另一端的母親也時不時想起自家的孩子：「在外面吃得營不營養？工作是不是忙到覺得生活很難熬呢？」

即使沒有頻繁聯繫，彼此的心意仍是相通的。如同「沒消息就是好消息」這句話一樣，不必直接對話，心裡仍會湧現一股暖意。這就是所謂的「以心傳心」。

相信世界上一定有著與自己心意相通的人存在。比如父母總是為自己著想，正因為擁有這樣的溫暖，我們才不致於感到孤獨。即使沒有能互相理解的人在身邊，只要心裡明白依然有人關心自己、理解自己，便能夠從寂寞中解放出來。

透過社群網站互動之所以會成為現今的主流，必定是受到「以心傳心」的影響。只要想到「不知道對方過得好不好呢？」便可以馬上私訊對方。

但是，社群網站究竟能夠表現出多少溫暖呢？雖然用來聯絡事情很方便，不過，真的能傳達自己的真心嗎？

年輕人或許會認為：「不需要以心傳心，只要有社群網站就夠了。」社群網站中，確實產生了我這一輩的人不明白的關係。儘管我知道這是相當便利的方法，還是不禁有些在意的地方。像是在許多人的智慧型手機裡，記載著多達數百人的聯絡方式。這個數字愈大，就愈會產生一種「人脈很廣」的感覺。既然擁有這麼多朋友，當然也就深信自己不會感到孤獨。

但在這麼多的聯絡對象當中，是否有真心以待的朋友呢？

我們會透過社群網站或ＬＩＮＥ群組等傳遞訊息。如果說出「昨天開始感冒，還發燒到三十九度呢」，就會有許多認識的人傳來「你還好吧」、「要好好休息喔」、「看過醫生了嗎？」等訊息，但是實際上根本沒人會來探病吧？

我讀大學的時候，曾有位朋友三天沒來學校。而他從未連續請假三天，所以其他人不禁擔心了起來：「那傢伙沒事吧？是不是感冒了？」偏偏這位朋友是從其他縣市來的住宿生，沒有人能夠直接聯絡到他，因此，我便和兩名友人一起去他的宿舍拜訪。

然而，按門鈴時卻沒有人應門。我們只好繞到他的房間後面，敲了敲薄薄的玻璃窗，結果他才虛弱地爬來開門。一問之下，才知道他從三天前開始發高燒，整天都臥病在床。加上他沒錢看醫生，只好仰賴身體的自癒能力，甚至那三天幾乎沒吃飯只是光喝水而已。

於是我立刻去附近的店家買了感冒藥和食材，讓他吃藥之後再用電鍋煮飯給他吃。當天也陪在朋友身邊直到將近深夜。

兩天後，朋友總算恢復精神來上學了。「謝謝你們救了我，若再這樣下去的話，我說不定會變成木乃伊。」雖然他說出這句話是半開玩笑，但他最初那個「救救我」的求救訊號，或許已經傳到我心裡了也不一定。至於我為什麼會前去拜訪呢？當然不只是我們認識，而是因為他是我很重要的朋友。

07

沒有所謂「剩餘的人生」

當年華漸漸老去，其中必藏著難以言喻的不安。生病了怎麼辦？身體不能自由運作的話，就沒辦法做想做的事情了。不僅擔心經濟上的問題，也很怕自己哪天不能工作的話怎麼辦。

如此一來，互相往來的人會逐漸變少，終有一天會過著孤零零一人的生活。光想到這些狀況就感到相當不安，也是人之常情。

有個詞叫做「餘生」，讓人聯想到退出社會舞台悄悄度日的樣子。稱不上好也稱不上壞，但「餘生」這個詞裡暗藏著一種寂寥。

先說清楚，我認為人類沒有所謂的餘生，也就是不存在「剩餘的人生」這回事。佛教的觀念認為我們每個人都有各自的「定命」，也就是上天賦予每個人的壽命，它是出生後就已經註定的。

當然我們不可能知道自己的定命有多長，總之，努力走完上天給予的這些時間，就是我們所背負的使命。

或許有人會認為年紀到了，從職場退休，此後就沒有該做的事情了。這些人的想法是反正剩下的時間不長，就什麼也不需要做，靜靜度過餘生即可。

倘若抱持著如此想法過活，結果活到一百歲的話該怎麼辦呢？一般人們通常會在六十歲左右退休，如果到一百歲之間的四十年什麼都不做，就單純是在浪費這段人生而已。我們沒有人知道自己的壽命有多長，但是在死亡到來之前，都必須努力經營上天所賦予的這條性命才行。

年紀大了之後，辦不到的事情會愈來愈多。很多事情在年輕時覺得易如反掌，上了年紀後卻變得愈來愈困難。這都是正常的，所以與其著眼於辦不到的事情，不如想想上了年紀才做得到的事情。

譬如說在職期間最重要的目標，就是努力工作獲得薪水，並且以這份薪水支撐自己的家庭。換句話說，這段時間必須為了賺錢而努力工作，就是你在職時期所背負的使命。

但是，退休之後就不必再滿腦子想著賺錢了吧？

這時你就可以從事些半志工的活動，雖然只有少少的收入，卻能夠為了某個人而努力，替社會盡一份心力。藉由自己的努力，為某個人帶來幸福。這些都是在職時有心也難以實現的事。既然賺錢養家是當前首要的目標，自然也就很難把心力花在志工之類的活動上。

上年紀後有什麼想做的事情就不必顧慮太多了，可以從至今束縛著自己的責任中解放，盡情活出理想中的樣子。隨著年紀增長，雖然也會有逐漸不能做的事情，但是反過來說，我們也逐漸享有一定程度的心靈自由。

另外一件重要的事情，就是找到夢想與目標。都到這個年紀了，就算有夢想也無法實現，就算有目標也會在達成之前就離世——想必有人這麼想吧？

夢想最重要的目的不是實現，而是即使實現不了，也依然一步一腳印地朝著夢想邁進，藉此豐富人生。朝著目標前進的路上，自然會有對生存的喜悅萌生。**再小的夢想都無妨，在實現之前就走完人生旅程也沒關係，因為人類沒有夢想是活不下去的。**

此外，找到夢想與目標後，請務必試著與他人分享。因為談及夢想的時候，自然能夠產生新的羈絆。也許會遇到夢想與自己相似的人，或者能夠邂逅一起逐夢的人。有夢想的地方，是不會讓人感到孤獨的。

「尤其在年紀大了之後，感受到的孤獨更是格外可怕。」對此感到恐懼的話，不妨先試著為某個人努力吧。找到能夠為他人帶來喜悅的事情，尋覓自己的夢想或目標，無論多麼微不足道都沒關係。

懷著自由的心靈，朝著夢想一步步靠近，如果這個夢想是為了某個人而努力的話，那麼，這樣的人生肯定不會孤單。

08 藉由掃墓來傾吐煩惱

日常生活中，難免會有碰壁的時候，感覺自己無法再前進，或是煩惱著解決不了的問題。有些事情無法找人商量，只能憑自己內心的直覺去處理，我們很容易會因此感到不知所措。

遇到瓶頸而迷惘之際，卻沒有能夠理解自己的人。明明內心痛苦得不得了，周遭的人卻都認為沒什麼大不了。深陷這種狀況時，你的心裡想必充滿了空虛與寂寞吧？

實在是找不到解決方法，也沒有可以討論的人。不，應該說是找人詢問也改變不了什麼。碰到這類問題時，我建議可以試著去掃墓。

近年來，掃墓這件事離我們愈來愈遙遠，原因五花八門。其中不可否認的一大事實，就是從離鄉背井到都市發展的人愈來愈多，故鄉不知不覺間便成了遙遠的存在。考量到未來無人可以掃墓，只好將先人遺骨遷到靈骨塔的情況，在日本各地也愈來愈普遍。

墳墓離生活愈來愈遠，代表著我們與祖先的羈絆也愈來愈淡。這讓我們的內心萌生了某種喪失感，並不是因為我是僧侶才這麼說的。

每個人都有祖先，那是與前人之間經過數代傳承的緣分。如果沒有這段緣分，我們就無法出生在這個世界。

雙親與祖父母於我們而言是相當親近的存在，但是我們對更早之前的祖先卻一無所知。前人是什麼樣的人呢？活著時都做了哪些事？族譜裡或許稍有記錄，卻沒有詳細到足以瞭解他們。然而，我們的身體裡，卻流淌著這些素未謀面的祖先之血。

所以請靜靜地站在墳墓前，盡情思索你的煩惱吧。輕輕地雙手合十，向前人吐露心中的苦悶：「我該怎麼辦才好呢？」這也是一種自問自答。

我服侍的寺院裡供奉著某位年紀輕輕就因病去世的女子，她離世時兒子還沒上小學。某天突然失去母親的小男孩，根本搞不清楚狀況，不曉得母親為什麼不見了。於是他每天悲傷度日，想著母親什麼時候會回來。

女子過世之後每個月的忌日，都會看到小男孩與父親一起來掃墓。一個月一次的掃墓，兩人從未缺席。小男孩會站在墓前雙手合十，呼喚著母親：「媽媽，我來了。」

三年過去，帶小男孩過來的人逐漸變成奶奶。想必是父親變忙碌了吧？稍微長大的小男孩，已經完全記下了掃墓的流程，不需要祖母幫忙也能夠確實完成。

後來，上了國中的男孩，會牽著奶奶的手一起出現。原本需要大人陪同的男孩，已經變成可以扶著奶奶的大男孩了。他站在墓前，用變聲期的聲音說著：「考試快到了，媽媽妳要保佑我喔。」

後來男孩有一段時間沒來掃墓。我想他或許是上了大學，畢業後又找到工作搬到別的地方去了，總之肯定有他的理由。

不曉得幾年過去，男孩的身影逐漸從我的腦海中淡去，也愈來愈少想起「他現在過得怎麼樣」。當然我還是繼續為他守護著母親的墳墓，所以會代替男孩到墓前合掌。

十幾年後的某天，有對年輕夫婦牽著陌生的小男孩來到寺院。那是櫻花初綻的季節，看到青年的瞬間我就意識到了——這是當年的男孩。

原來他已經找到工作並且結婚了，所以特地來讓長眠於墓中的母親，見見自己成家立業的模樣。「媽媽，這是您的孫子喔。」失去妻子的父親，失去母親的男孩，還有失去女兒的奶奶，大家都曾經沉浸在悲傷的日子裡，甚至幾度快要被寂寞擊垮吧。然而，我認為他們一點也不孤獨。

與家人相處時的孤獨

家族との間で感じる孤独

不必用客套話包裝，而是能說出從內心深處湧現的話語，這種獨一無二的場所，就是家……如果孩子這麼想，親子之間便能形成「真正」的關係。

09

餐桌是凝聚感情的地方

不需明說，大家也知道所謂的家庭，是社會中最基本的單位。家是療癒疲憊身心的場所，也是外出之後的歸處。只要擁有可以回去的地方，我們就能夠堅強地面對外界的紛擾。

明明是最基本的一部分，卻有同住一個屋簷下，也無法交織出溫暖對話的家庭。父母漸漸不再干涉孩子，甚至連彼此之間今天過得如何都不曉得。

我認為，維持家庭情感的地方在於每天的餐桌。雖然很難三餐都全家圍著餐桌一起吃飯，但是我覺得至少必須一天一次。

我最近才知道有「孤欠個固」（kokekokko）這麼一句話。當然不是在模仿雞叫，第一個「孤」是指「孤食」、「欠」是「欠食」、「個」是「個食」，最後的「固」則是「固食」。分別的解釋如下：

「孤食」如字面上所述，就是獨自用餐。

「欠食」指的是省略重要的飲食，例如不吃早餐就屬於「欠食」。

「個食」意為即使大家圍著餐桌吃飯，卻各自吃不同餐點的狀態。例如，雙親吃魚、國中生的兒子吃烤肉、高中生的女兒吃義大利麵。由於是個別吃著自己想吃的餐點，所以稱為「個食」。

「固食」則是指總是吃固定的餐點。

「孤欠個固」似乎是現代人常見的飲食習慣，我看了不免覺得這樣太不健康了。全家人在一樣的時間，圍著同一張餐桌，吃著相同的食物——這才是最樸實的。共享同一段時光，自然就會產生對話。「這條魚好新鮮。」「今天發生了這樣的事情啊？」儘管只是閒聊，但溫暖的對話卻會圍繞著餐桌。正因為有這樣的時光，家人之間才能夠逐漸產生羈絆。

或許平日無法齊聚一堂，但是應該全家人一起努力，試著至少一週安排一次共同用餐的時間。**因為在家庭裡最重要的，就是維持家人之間團聚的時光。**

二〇一九年獲得諾貝爾化學獎的吉野彰先生，就為自己設定了每天早上五點前必須到家的「門禁」，而且是他主動決定要這麼做的。無論多麼專注於研究，他都堅持在早上五點前到家。這一切都是為了與家人一起共進早餐。

吉野彰先生忙於研究，與家人的相處時間有限，難免會有必須以工作為優先的時候。不過，他仍然下定決心，至少要撥出時間和家人吃早餐，並確實執行著。

「實在是找不到與家人一起聚在餐桌前的機會。」「工作太忙了，根本抽不出時間。」雖然會有人這樣表示，但事實真是如此嗎？連獲得諾貝爾獎的學者都能夠抽空陪家人了，我認為只要有心，任何人都有可能辦得到。

以工作為藉口，忽視與家人共同用餐的時間是不行的。雖然這件事看起來微不足道，但如果連和家人吃飯都疏於經營，彼此之間的感情自然也就無法凝聚。

10

回到家
仍然
感到寂寞

所謂家人，無關乎喜不喜歡、合不合拍，他們的存在是自然的。家，應該是你不必小心翼翼，也能夠坦率展現自我的地方。正因如此，我們常常會不經意對家人產生比較任性的情緒。

然而，不管是多麼親近的家人，不把內心的想法說出口是無法相互理解的。在想什麼？追求哪些目標？對這個家的感情有多深厚？這些都是不表現出來，他人就無法得知的事情。

當孩子還小的時候，很多事情不一定要說出口，給孩子一個深深的擁抱，加上平時的悉心照料，孩子便能夠感受到來自父母的愛。不過，隨著孩子年紀漸長，父母就必須將其視為獨立的人格對待。儘管同住一個屋簷下，每個人在外面的世界卻會獲得各式各樣、截然不同的經歷。

換句話說，父母與孩子一踏出家門，就相當於進入了各自的世界。因為接觸了不一樣的人事物，不對話自然就無法理解對方的想法。所以，當孩子長大之後，家庭成員們就必須學著傾聽彼此的聲音，在尊重對方的獨立人格之餘，盡可能站在同一個立場正視對方。

在家中會感到孤獨，往往是因為缺乏對話。其中的原因，則是雙方沒有共通話題。一整天大部分的時間都分處於不同的外在世界，彼此的話題便容易失去交集。畢竟，兒子不會明白父親公司的狀況，父親不曉得女兒的大學生活是什麼樣子，女兒對於母親常常提起工作也嫌無聊。日積月累下，家人之間的對話自然會漸漸減少。

那麼，該怎麼做才好呢？答案很簡單，**就是找到大家都能夠聊得來的內容，尋找共通話題**。不同年齡的人，也可能有相同的興趣。有趣的電影也好，旅行的話題也罷，如果你仔細探索，便會發現彼此之間其實有許多共通之處。

這時最重要的是，不要勉強自己擠出話題來。為了迎合孩子而尷尬地搭話，氣氛反而會降到冰點。明明對電影沒興趣，卻強迫自己陪女兒看電影的話，你一點也不會覺得有趣吧？當然也不能逼迫他人分享自己的喜好，必須對彼此保持尊重。

父親與兒子都沉默寡言，用餐時不發一語，只有母親一個人在說話，讓母親總是想著：「這兩人都不講話會開心嗎？」但是，一旦聊到父子共通的興趣——釣魚時，兩人便會聊得非常起勁，就像換了個人似的。這不也是一種美好的家庭樣貌嗎？

11 家庭主婦的焦慮

女性從學校畢業後，與男性一樣出社會上班並累積資歷——現在已經成為這樣的時代了。不但能在公司裡找到歸屬，還可以培養活在世上所需要的自信。

然而，現今仍有脫離社會、沒有職業的女性，也就是所謂的全職家庭主婦。在過去，女性結婚後回歸家庭，是因為照顧丈夫與孩子被視為一位妻子最重要的責任。眼下，全職家庭主婦已經愈來愈少了，很多人生小孩後休個產假就復職，也有人只是暫時辭職回家帶小孩，等孩子獨立以後，便找一份兼職的工作。身處如此世代，有些人便開始對於家庭主婦的身分抱有罪惡感。

同時期進公司的女性同事，現在仍在公司奮鬥，紮紮實實地累積著資歷，自己卻被困在家庭裡。不僅沒辦法出去上班，還必須在家照顧孩子，每天忙著打掃、洗衣、做飯，更失去了好不容易打拚出來的專業履歷，因此感到十分焦慮。

我想告訴這樣的女性：「身為家庭主婦，是相當出色的經歷喔！」公司的工作能夠寫進履歷，在家裡的工作則不行——事實並非如此。很多人誤以為做家事或育兒對社會毫無用處，在外工作才能夠為社會貢獻心力，這其實是天大的誤會。

希望大家能理解到，守護家庭本身就是件了不起的工作。每天早上準備早餐，為家人做好健康管理，再面帶笑容以「慢走，路上小心」目送丈夫或孩子出門，為他們展開明朗的一天。在家裡忙碌了一整天之後，說著「歡迎回來，今天也很努力呢」而迎接進門的家人，使對方疲憊的身心重獲生氣。

塑造家庭氛圍其中的關鍵，就是身兼妻子與母親角色的女性。如果母親愁眉不展的話，家裡的氣氛就會變得陰沉；若母親覺得焦慮，孩子的心情也會受到影響。因此，為家庭帶來活力，讓所有人的心靈恢復精神，其實是件值得讚賞的工作。

請試著回想你一天下來的家事內容：

家裡有年幼的孩子，你必須邊照顧孩子邊完成家中的瑣事。有時候正要煮晚餐，孩子卻突然鬧脾氣，備料的同時還得哄孩子，甚至要抽空去放浴缸的洗澡水。有時得邊餵孩子吃晚餐，邊準備丈夫的餐點。最後將孩子哄睡後，才能開始摺衣服並且記帳。

每天帶小孩、面對家裡的大小事，會讓主婦的做事能力逐漸進步。通常家中的日常事務都很急迫，如果放著其中一項不管，家事很快就會堆積如山，也因此，將任務排列出優先順序的能力便顯得相當重要，以及如何在短時間內，想好ＳＯＰ步驟後並付諸執行。如果這樣不能算入資歷的話，什麼才可以呢？我想表達的是，**身為家庭主婦所培養出的能力，肯定會成為未來工作的一大助力。**

或許離開公司後，累積至今的職涯會暫時歸零，但是所有工作都有共通點，寺院的工作亦同。分派工作時，反應快的和尚工作量往往也比較大。沒有期限的工作可以拜託任何人，但比較趕的當然就必須找效率高的人來做。

我認為「家事」這份工作，有助於培養「反應的速度」。對於專業主婦來說，現在的責任是守護家庭，打造出能夠讓丈夫與孩子安心回來的地方。但是，等到孩子長大後離開家裡，主婦育兒的工作量就不會這麼大了，家事也可以請丈夫幫忙分擔。身為全職家庭主婦的日子，其實在整個人生中的占比並沒有想像中那麼長。

所以請抬頭挺胸，以全職家庭主婦的身分為傲吧。不必與同事或左鄰右舍相比，只要專注於眼前最重要的事物就好。

12 擁有獨立房間帶來的影響

三代同堂這樣的居住型態在過去相當地普遍，而且不像現在每個房間都有冷暖氣，所以大家經常會聚在客廳互相取暖。就算有小孩房，通常也是四、五個兄弟姐妹擠在同一間，因此，家中很少有能夠完全獨處的地方。

相反的，這一輩的父母習慣為孩子安排獨立的房間，所以上了國小後，孩子就開始有自己的房間，或許是認為這麼做有助於培養獨立的個性。

小孩房的登場，最早應該是受到美國影響。美國似乎從孩子年幼時，就會訓練孩子自己睡，後來這個風氣就逐漸在日本所謂的團塊世代中蔓延開來。

當我詢問了實際在美國長時間生活的人，才知道美國人雖然會為孩子安排獨立的房間，但是這間房的功能以睡眠為主。孩子通常只有讀書或睡覺時才會回自己的房間，其他時間則多半與家人一起待在客廳。**如果整天悶在房間裡，雙親也會要求孩子出來客廳，因為對他們來說，全家團聚的時光是無可取代的。**

然而，汲取了獨立小孩房文化的日本，卻放任孩子整天待在房間裡。不只讀書與睡覺，甚至有小孩一放學就把自己關進房間，母親也因此完全不知道孩子都在做些什麼。

是在讀書還是在睡覺？或者正開心地打著電動？一點頭緒也沒有。不干涉不代表訓練孩子獨立，關在房間與獨立自主毫無關聯。

習慣獨自悶在房裡的話，反倒有可能會養成以自我為中心的思維。這種說法一點也不誇張，因為在房間裡不必在意他人的看法與目光，想做什麼都可以。換句話說，**孩子可能會因此逐漸忘記為他人著想的心情**。和某個人待在一起、隱約意識到旁人的存在，對人類來說其實是非常重要的。

就算是親近的家人，待在同一個空間時仍會互相著想。譬如說，你看電視的時候，看到弟弟要準備寫作業了，自然會把電視轉小聲吧？原本正和家人大聲聊天，但是父親接到工作的電話後，大家便會壓低音量。這是自然而然的舉止，但是孩子習慣待在獨立空間後，便有可能漸漸忘了體貼他人。沒有學會將心比心，出社會後可是會很困擾的，因為連旁人的認同都不容易獲得。

家長們總是把注意力集中在孩子的高中或大學入學考，甚至還有電視節目專門介紹那些考上名校的孩子是怎麼讀書的。

這些就讀明星學校的孩子們，許多都是在家裡的餐桌念書。當然這些孩子擁有自己的房間，房間裡也有書桌，儘管如此，他們還是習慣待在客廳裡念書。你可能會想，這樣一來，應該會被母親準備晚餐的聲音所干擾吧？還會聽到弟弟妹妹玩耍的嬉笑聲吧？雖然在自己的房間才能安靜讀書，但是，許多孩子刻意選擇客廳的原因是什麼呢？

或許他們自己也不明白，但是我唯一可以肯定的，**就是家人的存在能夠安定孩子的心情**。

自己認真念書的模樣，父母都看在眼裡，所以我不是在孤軍奮戰。此外，讀書遇到瓶頸時只要抬起頭，就能夠接收到家人溫暖的眼神。待在客廳的好處，就是因為有這樣的安全感吧？

獨立個性的養成並非一蹴可幾，在此之前，先擁有穩定的情緒反而更加重要。

13

家庭內共同生活的理想狀態

校園霸凌與學生閉門不出的問題層出不窮。釀成如此情況的因素很多，不過其中之一，或許是無法順利構築人際關係的孩子變多了。

人際關係的基本是什麼？就是為彼此真心著想。當我們與擁有獨立人格的其他人建立關係時，肯定會出現想法落差或爭執。無論是朋友、兄弟姊妹還是親子，兩個人類就會有兩個自我，不同的自我難免會有所碰撞，這就是所謂的人際關係。

要讓關係變得更好，互相體貼與關心是很重要的。缺乏這兩者的話，無論相處多久，都無法演變成能夠患難與共的人際關係，難以信賴彼此。如果不趁情感豐富的孩提時代與青春期培養，長大成人之後，就更難再學會為人著想的能力了。

我曾接過某間教育財團的委託，以「教育孩子時不可或缺的事物」為主題撰寫文章。當時我寫下了曾經提倡過的方法：

在十幾歲至二十五歲這段期間，挑選其中一年，將全部的學生送到人口稀疏的鄉下合宿。由於日本各地有許多已經廢除的學校，很多學校受到少子化的影響而停止辦學，我認為可以將這些校舍當成合宿場所，讓孩子在此體驗為期一年的共同生活。

此外，讓孩子在白天協助第一級產業的工作。對林業有興趣的孩子，可以安排山林方面的事務，包括伐木、植樹等等，讓他們從中體會林業重視的是什麼。對農業有興趣的孩子則分配到農園，讓孩子從事一整年的農活，瞭解平日不帶任何想法食用的米與蔬菜，從栽種到收穫為止，農人付出了多少努力。若能見證農夫們的身影並親自體驗，人生肯定會更加豐富。

另一方面，投入漁業的孩子，會更懂得珍惜生命。人類捕撈海洋生物，宰殺切塊後成為日常的食物，而我們的生命，就是透過食用牠們而延續下去的。

如此一來，孩子們便會對生物與大自然產生感激之情。不一定得參與佛教的修行，只要經歷過農林漁牧的工作，就能夠知道對人類來說，什麼才是真正重要的。

白天完成各自的勞務後，傍晚就回到以廢棄學校打造成的宿舍。大家一起泡澡、吃同一鍋飯，分攤打掃、洗衣等日常工作，同心協力度過這一年。有過這樣的經驗，自然而然會懂得為他人著想。這一年的合宿生活，或許也有機會結交到一生的知己吧？

二〇一九年，日本舉辦了橄欖球世界盃。打進準決賽的日本隊，在世界盃之前過了好幾個月的合宿生活。就連結婚成家的選手，也會離開家庭與隊友一起吃睡、共同練習，藉此凝聚隊伍的向心力。

以前常會聽到「同吃一鍋飯」這樣的說法，我認為這在建構人際關係上，是非常有效的方法。我們禪僧在雲水時代（意指僧侶的修行時期）也會與夥伴們同吃同睡，互相鼓勵一起撐過嚴格的修行。

如果獨自一人，我恐怕無法撐過這麼艱難的修行。這樣的閱歷讓我體認到，**對人類來說，和同伴同甘共苦、互相打氣是非常重要的**。

仔細一想，會發現家庭不正是一種共同生活的展現嗎？同住一個屋簷下，吃睡自然也都在一起。但是，我們常因為把家人的存在視為理所當然，就心生怠慢，在同一個家生活，卻忘了為彼此著想，這樣的家庭是沒辦法和睦相處的。

就算是家人，也不能忘了彼此都是需要被關心的「他人」，正因為家人的地位無可替代，我們更必須保持一顆體貼的心。

14 讓孩子偶爾去爺爺奶奶家

在三代同堂還盛行的年代，爺爺奶奶、父親母親與孩子們同住，讓家裡總是鬧哄哄的。因為當時的經濟發展是以第一級產業為主，才能夠形成這樣的家庭形式。

我之所以建議三代同堂，是因為如此一來，家庭內才有喘息的空間，可以形成「心的避風港」。

家人之間偶爾會起衝突。父母為了孩子而嚴格地管教，孩子卻不一定能感受到父母的苦心。結果就變成強迫孩子服從的父母，與對此感到反彈的孩子。這種隨處可見的親子對立，久了便會釀成大問題，而祖父母則能夠在親子之間扮演潤滑劑的角色。像是：

當孩子被雙親責罵之後，向爺爺奶奶訴苦，他們會微笑地說：「這樣啊，你被罵了啊。」不是提出什麼具體的建議，而是單純接納孩子的心情。

光是這麼做就能夠讓孩子的心情得到多少安慰啊?看著爺爺奶奶的笑容,會不禁覺得被罵不過是件芝麻綠豆的小事而已吧。

父母有責任將孩子教育成獨當一面的大人,不可能總是寵著孩子,所以難免必須嚴厲地斥責孩子。事實確實如此,但是嘴上說著為孩子好,很多父母卻不知不覺會對孩子宣洩情緒,這正是造就親子之間漸行漸遠的元凶之一。此時,祖父母的角色便能夠消除親子間的隔閡。他們可以為孩子提供心靈的歸屬,讓親子心意相通。這種安全感能夠撫平孩子的內心。

這並不只是為了孩子。父母同樣能夠透過爺爺奶奶,也就是從自己的雙親身上瞭解重要的事物。

奶奶看見嚴格訓斥孩子的父親後,說:「你小時候也曾做過一樣的事情,父子一個樣呢。」聽到自己的母親這麼說,父親也會想起過去不成熟的自己吧。

與孩提時代的自己相遇——我認為這是憑一人之力很難辦到的，就算做得到，也只會記得美好的、對自己有利的一面。所以想回溯童年時期的記憶，需要雙親的提醒。

被雙親責罵的孩子，能夠逃進爺爺奶奶的懷裡；對育兒感到苦惱的雙親，也可以聆聽來自父母的建議。三代同住在一起，便能夠擁有內心的避風港，我認為這是無可取代的。

我曾在政府營運的委員會中，推廣三代同堂。不曉得是不是那次提案的影響，現在已經有了鼓勵三代同堂的制度，會為符合資格的家庭提供住宅裝修補助等。如今已經是名為令和的新時代，我認為不能光著眼於新事物，也該適時找回傳統的美好。

但是，很多人即使想組成三代同堂的家庭，現實中卻無法輕易辦到。比方說，事到如今再搬回故鄉，不一定能找到合適的工作；每天都被工作追著跑，還要再通勤返鄉太辛苦了。

既然如此，不妨考慮將孩子偶爾送到爺爺奶奶身邊吧。如果已經是小學生或國中生了，應該能夠自行往返爺爺奶奶的老家。**因此，請試著安排一兩週的時間，讓孩子去和爺爺奶奶同住一小段時間吧**。老人家毫無算計的溫婉與包容，肯定會讓孩子的內心跟著柔軟起來。

15

對孩子的過度期望

看到自家孩子出生時，每對父母都會由衷感到喜悅，並且感謝上蒼讓孩子平安出生。

「順利出生了呢！」光是看到孩子平安就心滿意足了，在心底期望孩子未來的人生能夠活得順心、幸福。看著剛出生的嬰兒，想必父母已經在心裡為孩子打了滿分吧。

但是孩子上小學之後，父母的心態就會開始產生變化，對孩子的期望也會不斷提高，最後甚至透過與其他孩子的比較，以表現出自己的期待。

剛出生時一百分的孩子，分數卻隨著就讀小學、國中之後慢慢減少。儘管父母本身不會注意，孩子們卻能夠敏感地察覺到父母親的變化，漸漸發現父母對自己的評價變低了，這對孩子將會造成莫大的傷害。

每個人都有擅長與不擅長的事情，但是面對孩子時，卻常常會忘記這點。總是拿孩子與其他人比較，然後把焦點放在自家孩子不擅長的地方——不曉得各位有沒有體驗過呢？如果有類似的經歷，請馬上停止比較，並想想自己的嘆息對孩子的心靈會造成多大的傷痛。

發現自己分數不斷降低的孩子，心態也會跟著消極起來吧？因為最喜歡的父母不認同自己，自信逐漸消失，這是極其自然的事情。**少了自信的孩子，也失去了在這個社會中的歸屬，於是就愈來愈無法適應學校或社會**。最壞的情況則是對父母施加暴力，以宣洩內心的創傷。父母不認同自己的那種孤獨感，對孩子來說，簡直就像一種嚴刑拷打。

所以請努力提醒自己，別忘了孩子剛出生時的一百分。這世界上沒有人什麼事情都擅長，也沒有人什麼事情都做不好。每個人各自擁有優點與拿手的事情，所以最重要的是著眼在那些部分，並幫助孩子成長茁壯。

所謂的擅不擅長，未必遺傳自父母。很多人認為父母擅長什麼，孩子自然也會很快上手；父母不擅長什麼，孩子當然也就沒有那方面的天分，但這其實不見得是正確的。

父母總是不由自主地用自己擅長的事物壓迫孩子，相反的，卻不會鼓勵孩子去做自己不擅長的事情。這單純是父母的利己主義在作祟吧？

確實，孩子會從父母身上遺傳到某些東西，所以會有許多相似的地方。儘管如此，卻和人格、與生俱來的才能沒有絕對關係。「我希望孩子和我走同一條路。」我能夠明白這樣的心情，但是強迫孩子順應自己的期望是不健康的。

請停止為出生時滿分的孩子扣分吧。就算只扣了一分，孩子想必依然能夠感知到。試著以一百分為基礎，慢慢為孩子加分。光是平安從小學畢業，就足以變成兩百分了，不是嗎？

16 在家裡能否說出真心話

在禪語中有「露」這個字，指的是揭露內心的一切，也就是沒有多餘心計，坦率表現出自己的狀態。如此一來，當他人接受這樣的自己，便可以形成毋須隱瞞，能以真心話互相交流的關係。或許我們的內心深處，也追求著這樣的關係。

但是現實的人際關係，卻很難以真心話互相碰撞。世界上有著形形色色的價值觀，大家的想法都不盡相同。而且我們也都會有情緒，沒辦法總是冷靜接受對方的一言一行。

事實上大部分的人際關係，都只是「表面上的往來」而已，不是嗎？「表面上的往來」聽在很多人耳裡會覺得稍嫌冷漠，認為這樣的關係不夠真誠。或許還會有人認為，能夠以真心話互相碰撞的關係，比表面上的往來還要好，但真的是如此嗎？

舉例來說，主管與部下一起去喝酒，主管說：「今天好好地說出真心話吧！你平常對我有什麼不滿的，盡情說出來不要緊。」如果像孩子般聽信，而徹底展現真心的話會怎麼樣呢？

「那麼恕我直言。你自己的工作也沒做好，為什麼總是斥責下屬呢？至少我自認為做得比你還要好。」如果員工真的吐露這些真心話，雙方的信賴關係或許會瞬間瓦解，日後也很難再共事了。就算部下說的沒錯，周遭的人也都這麼認為，但還是不能這麼坦白。

正因為大家都明白這個現實，才會包裝自己的話語，藉此維持和諧的關係。「部長總是長袖善舞，我卻還有很多不足的地方，日後仍得請您多多包涵。」

這種場面不只會出現在職場，在朋友或鄰居之間也是。無論是交情多深的老朋友，也不能毫無掩飾。彼此想辦法維持「表面上的往來」，才能夠維護這個世間的關係。

我們在這個社會必須靠著「表面上的往來」生存，卻也因此累積了不少壓力。換句話說，我們活在世上總是隱瞞著真實的自己。所以如果沒有能夠吐露真心話的地方，就會因此感到愈來愈迷失。

所謂能夠坦誠相對的地方，在那裡我們不必用客套話包裝，而是能說出從內心深處湧現的話，而這種獨一無二的場所，就是家。

為孩子打造出能夠說出真心話的家，是父母的責任。至少到小學為止，都要讓孩子能夠盡情袒露心裡話。

孩子長大後，會逐漸與父母形成大人之間的對等關係，即使是親子之間也很難純粹地表達出真心話了。因為開始要顧慮彼此的心情，而這也就是所謂的親子各自獨立。

或許就連親子遲早也會變成「表面上的關係」，但我認為這不是件好事。所以要趁孩子年幼時充分地包容孩子的內心話，才能夠避免這種情況發生。「只要可以在這裡表達出心情就夠了。」如果孩子這麼想，親子之間便能形成「真正」的關係，而非只有表面而已。

Chapter

3

與珍惜的人待在一起，卻依然孤獨

大事な人と一緒にいると生じる孤独感

與他人之間肯定會有想法與心情上的出入……不必堅持調和不同的想法，繼續維持不一樣的觀念也沒關係。想去的地方若不一致的話，那就各自前往吧。

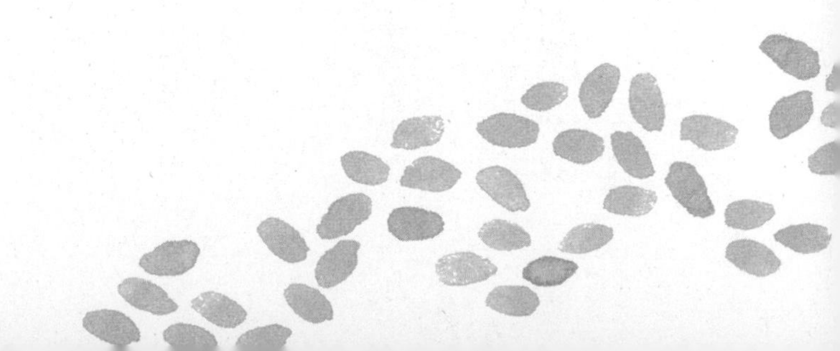

17 朋友貴精而不貴多

每逢小學入學時期，就很常聽見「能夠交到一百個朋友嗎」這句話。它背後隱藏著朋友愈多愈好的價值觀，或許也包括不管遇到什麼樣的人，都要好好相處的意涵。但是我小時候從未有過如此想法。

就算是小學生，內心也會有和這個人玩很開心，不知為何和那個人卻處不來的念頭。而且正因為是小孩，才會在與朋友往來時，如此坦率地面對自己的心情。孩子們的內心，可沒有必須和所有人相處融洽的概念，我認為這有助於孩子從小培養選擇朋友的能力。

長大成人後的人際關係，終究還是取決於選擇。就連職場或左鄰右舍間的人際關係也是如此。即使打算與所有人和諧地相處，實際上仍不太可能。在公司愈是想表現得八面玲瓏，就愈是突兀。

自己想與什麼樣的人往來呢？想和什麼樣的人構築信賴關係？我認為每個人的內心，都應該具備這種人際關係的篩選基準。

身為一個成年人，因為合不來、討厭這種情緒化的理由而拒絕與某個人深交，可能會讓人覺得不像話，所以當然必須謹慎為之。所謂的大人，就是即使面對處不來的對象，也要做好表面功夫。我們必須將自己的好惡與人際關係分開來看待。

首先，我認為自己覺得和某個人處不來時，對方肯定也有差不多的想法。既然雙方都這麼想，當然也就很難變成深厚的關係，因此，只要做好表面的往來就夠了。

朋友愈多愈好——相信很多人即使長大成人，仍然還沒拋開這種從小深深烙印在內心的觀念。尤其現代還有社群網站這種方便的工具，只要願意的話，就能夠和多達數百位對象互動。即使是只在社群網站往來的朋友，人們也難免會受到「朋友愈多愈好」這種價值觀影響吧？

「我有超過一百位朋友，而且經常透過社群網站聯絡。」相信很多人會因此誤以為自己人緣很好，對吧？假設對此深信不疑的人，某天因為生病住院一個月。在病房裡無法使用手機，所以透過社群網站和他人互動的機會變少了；而剛住院時，有超過五十名「朋友」傳了訊息過來問候。

但是過了一兩週後，會傳訊息來關心的「朋友」逐漸減少，結果出院那天，來迎接自己的「朋友」卻一個也沒有……世界上有比這還孤獨的事情嗎？

我認為相較於一百位「朋友」，即使只有一個人也無妨，重要的是，結交能夠打從心底互相信賴的朋友。

有句禪語叫做「把手共行」。一如字面上的意思，指的是攜手一起走在人生旅途上，無論痛苦或悲傷都能夠分享的對象。並非只有意氣風發時才聚首，而是其中一方痛苦時，能夠靜靜陪伴彼此的關係。不必太多的言語，只要從表情就能夠明白彼此的心情。最重要的應該是找到這樣的朋友才對。雖然要找到這種知己不是一件簡單的事，想必不用說大家也知道，這樣的關係並不是透過社群網站便能夠輕易結交到的。

即使生病時無法馬上以社群網站私訊問候，也願意每三天來探病一次的人；就算只有十分鐘也好，能夠坐在病床邊陪伴的人。要努力找到這樣的朋友，而「朋友愈多愈好」這種妄想，只會徒增你的孤獨感而已。因為「能夠打從心底信賴的真心朋友」，不是隨隨便便就可以找到這麼多的。

18

對伴侶瞭解一半就好

兩人互相吸引後開始交往，最初只要待在一起就覺得幸福。隨著交往時間增長，就會期待對方能更瞭解自己，同時想知道對方更多的事情。希望進一步理解、互相分享的心情也會不斷膨脹起來。正因為重視與對方的關係，才會產生這樣的欲望。然而遺憾的是，這種欲望很難被滿足，人類之間本來就不可能完全互相理解。它只是一種虛幻的願望而已，因此，必須先從放下這樣的執著開始。

互相理解到底是什麼呢？首先萌生的肯定是「希望對方更懂自己」這樣的心情吧？希望對方明白你的想法與感覺、認同最真實的自己，這樣的念頭不停地環繞在心中。

但是反過來說，你瞭解真正的自己嗎？你的思想與感覺是固定不變的嗎？我們每天都在變化著，甚至有時昨天的想法到今天就不一樣了。我們的內心世界可以說是瞬息萬變。即使現在告訴對方自己的看法，對明天的自己來說，卻已經是過去式。希望對方能夠理解自己……但是該理解的，到底是自己的什麼呢？

再來，是希望更瞭解對方的心情，我們同樣沒辦法對伴侶刨根問底。想知道對方的事情，就必須不斷地追問。有時會連對方的私人領域都想擅自闖入，甚至窮追不捨。或者只是因為太想知道伴侶日常都做些什麼，而表現得猶如跟蹤狂一樣。

就算對方深愛自己，這種行為仍會導致關係迅速瓦解。**換句話說，自己不過是將「希望對方更懂自己」的願望，強行施加在對方身上，並以「想更瞭解你」的藉口束縛對方而已。**強迫與束縛都無法產生舒適的人際關係。

想和深愛的人互相理解是理所當然的，但是不能因此就想著要掌握一切。**我認為雙方只要理解彼此的一半就夠了，理解的部分占一半，交往了也不明白的部分占另一半，這種程度是最恰當的。**結婚之後經過長時間的相處，瞭解的一半就會逐漸成長至六成左右。

和最喜歡的人在一起時，為什麼我們還是會感到孤獨呢？即使彼此都笑臉盈盈，內心卻隱隱透露著寂寞。相信很多人都有過相同的經驗吧？為什麼和伴侶待在一起依然會感到孤單？這肯定是你察覺到了與對方心意不相通的緣故。

發現彼此心意不相通的瞬間，正是讓人意識到不夠互相理解的一刻。但是這種心靈擦身而過的瞬間，其實有助於加深兩人的關係。

「我們倆沒有貌合神離的時候，對彼此都完全理解，所以不曾感到孤獨。」要是真有這樣的兩人，肯定是活在夢中世界而非現實。他們只是幻想著彼此互相理解，最終會發現只是兩個人各自任性地過活而已。誤以為自己對不了解的對象瞭若指掌，誤以為對方很懂自己，但其實對方完全不明白。這種念頭簡直就像小孩子一樣。

長大成人之後，我們終究會從幻想中醒悟。注意到人類無論如何都有無法互相理解的部分。正因為有無法互相理解的地方，相處時才會萌生必須為對方著想的念頭，並且為了更加靠近彼此而努力。

「世界上沒有人能夠百分之百互相理解。」我認為，需要先做好這樣的心理準備才行。

這種情況一點也不孤寂，一點也不冷漠。所有的人際關係，都是在互相不理解的狀態下開始的。從不懂對方是什麼樣的人，到一點一滴地認識對方，並且一步步引導對方理解自己。珍惜這種慢慢靠近的時光，兩人才能走得更遠。

我有時候會覺得，年輕人們都太急著互相瞭解了。這種事情是快不起來的，應當更從容一點，讓彼此的心可以慢慢地磨合。在內心仔細編織完話語後再告訴對方，藉由這樣的方式漸漸互相理解就好。

19 退休後的夫妻

六十歲之後，也到了從公司退休的年齡。這代表自己勤奮工作了好幾十年，肯定會有一股滿足感油然而生吧？然而，與此相對的，也會產生濃濃的寂寞感。

退休的隔天早上開始，就不必再每天早起了，可以睡到自然醒。有些人還會想竟然有這麼幸福的事情，結果依然不小心在同一個時間醒來。

你無可奈何地起床來到客廳，按照以往的習慣喝杯茶或咖啡，一邊看著報紙。以往只有五分鐘的時間能夠草草閱讀早報，現在可以花上一小時。悠閒度過早晨時光後，接下來……卻無事可做。身體已經按照生理時鐘準備好出門了，實際上卻不知道該去哪裡才好，於是自己彷彿被世界遺棄般的孤獨感陡然襲來。

冷眼看著丈夫定格的模樣，妻子仍維持著一如往常的生活。到了九點左右，妻子說了一聲：「我出門一趟。」「妳要去哪裡？」丈夫詢問後，妻子回答：「今天要在社區中心參加合唱團，我會練到中午，午餐和大家一起吃。」「妳幾點會回來呢？」「我想想，大概三點左右吧？」「那我午餐怎麼辦？」「我準備了配菜放在冰箱，你用微波爐加熱吃一吃吧。」

愕然目送妻子出門的丈夫，這才意識到妻子已經擁有穩固的日常與人際關係，相較之下，自己除了職場以外，什麼人都不認識。「該怎麼度過接下來的日子才好？」不安的感覺在丈夫內心蔓延開來，我相信日本全國到處都有這樣的夫妻吧？

變得獨自一人的丈夫，像跟屁蟲一樣老是黏著妻子。無論要購物還是去圖書館還書都跟隨其後，讓妻子煩得不得了，最嚴重的情況甚至會釀成「熟年離婚」。對這個時期的丈夫來說，最重要的是打造退休後的歸屬。所以我經常建議大家，至少要從退休前五年開始準備退休生活。

參與地區的活動、聯絡學生時代的老同學、積極開發新興趣等等，先想辦法找到退休後屬於自己的生活方法。

「我退休後想和妻子兩人在國內到處旅遊，以慰勞妻子多年來的辛勞。」有位男性描繪了如此夢想，並在退休一週後興沖沖買了一輛露營車。

於是，他瀟灑地開著露營車回家，想給妻子一個驚喜。「下禮拜開這輛車出去旅行一個月吧！」丈夫開心地如此表示時，妻子的表情卻不太高興。「我不可能一口氣出門一個月，因為我有自己的生活安排。而且坐車旅行太辛苦了，我不喜歡。」

結果那天開始，男性就搬進了停駐在庭園的露營車，展開了獨居生活。乍聽之下很荒謬，卻是真人真事。

即使是長年相伴的夫妻，仍有各自獨立的生活。如同妻子不曉得丈夫職場情況一般，丈夫也不會知道妻子平常過日子的模樣。丈夫總以為妻子的人生中只有家裡的事情而已，但妻子卻已經構築出超乎丈夫想像的人脈，紮紮實實地打造出了自己的世界。

說到這裡，最重要的是尊重彼此的生活，不可以試圖束縛對方。妻子表示「想和朋友去旅行」的時候，就應該面帶笑容目送妻子，說聲：「路上小心，玩得愉快。」

夫妻兩人只要有六成共通的想法與價值觀就好，由於各自有獨立的人格，兩人當然無法百分之百相同，也不必特別追求一致的想法。同理，退休之後膩在一起的時間也只要三成即可。

我認為只要每天三餐一起享用，就不會覺得寂寞了。一起吃完早餐，分別投入自己想做的事情，如果本來就有共同興趣的話當然很好，但是夫妻並不一定得嗜好相同。若是強行配合對方，遲早會變成一種心理壓力，所以我認為應該更自由地享受各自的人生。

雖然職場有退休年齡，夫妻之間卻沒有。要說夫妻關係的結束，想必是當其中一方離開人世之時。所以在遲早會來臨的夫妻退休年齡到來之前，必須尊重彼此，謹記愛惜對方的心情。

20 都市裡孤獨感的真面目

像東京與大阪這類大都市，人口密集度超乎尋常，每個人似乎都過得很充實。身處都市時，看著其他人聚集的身影，你的內心是否會稍稍感覺到孤獨呢？

東京有許多居民是其他縣市搬遷而來的，有來自於北國或南邊島嶼的人，移居的理由也五花八門。其他縣市的人是無法輕易熟悉大都市的，如果是學生時代就搬來倒還好，有些人可能是結婚後隨著丈夫調職而搬到東京，這類主婦難免會覺得孤獨吧。

身邊沒有朋友，就算想和左鄰右舍聊天，也會因為用語差異而卻步。去超市時找不到在鄉下用慣的食材，即使依然身處日本，卻時不時會遇見文化與風俗的差異。

為什麼在大都市裡容易產生孤獨感呢？用語差異應該一下子就習慣了，講方言也不是什麼丟臉的事情。我認為都市產生的孤獨感是沒來由的，單純是感受到其氛圍與自己成長的環境截然不同所致。

因此，偶爾踏出都市見見故鄉的朋友們吧，只要和他們待在一起，就會打從心底湧現出安心感。「哎呀，好久不見。」內心會在說出這句話的瞬間鬆了口氣。**這些夥伴都出自同一個故鄉，與曾經呼吸著相同的空氣、吃著一樣的食物、在相似的價值觀裡成長的兒時玩伴待在一起，會感覺格外地美好。這種充實感是無可替代的。**

都市生活中往來的對象，是從四面八方聚集而來的人們。當然會有新的發現與樂趣，但有時仍會覺得哪裡不對勁。

即使彼此之間沒有明顯的差異，卻有種無法完全互相理解的感覺，內心某處會一直提醒自己彼此的差異，也會有牛頭不對馬嘴的時候。相處時總是必須在某些事情上互相讓步，雖然聽起來微不足道，卻會在無形中對有些人造成壓力。

其中最顯著的差異就是飲食文化。同樣一道料理，調味的方式卻會隨著地區產生極大的不同。東京偏好濃重的醬油味，關西則喜歡用湯頭搭配適度的鹹味，整體來說口味比較淡。由於各地熬煮湯頭的方式不同，調味方式當然也會跟著不同。

比如說，沖繩料理會合東北人的胃口嗎？去觀光時或許會覺得美味，但是每天都吃沖繩料理的話，還是難免會感到有些痛苦吧？反之亦然。

我認為結婚對象最好是同鄉。現在因為社群網站的影響，我們能夠認識日本各地的對象。進入大企業工作時，職場上也自然會聚集來自不同地區的人。因此，北國居民與南島居民結婚，並不是什麼奇特的事情。

不過，雖然沒有特別的統計數據，我總覺得選擇同鄉結婚的人還是比較多。沒有什麼了不起的原因，單純是因為與同鄉待在一起，會不由自主感到安心的關係吧。在同一條河川附近玩耍過、爬過同一座山、呼吸過相同的空氣，光是想到這些，就自然而然覺得親切，相當不可思議。

就算在都市生活中碰壁了，家裡還是有人能夠接受真實的自己。不需裝模作樣，不必強迫自己讓步，也能夠互相理解。我認為正是因為雙方出自同一故鄉，才能夠產生這股安心感。

談戀愛的時候當然願意互相讓步，剛結婚時即使妻子做的料理偏淡，仍然能夠毫無怨言地吃下肚。但是小小的不滿，會在漫長的婚姻生活中逐漸累積，而開始希望吃到調味更重的料理。各位或許會認為這沒什麼大不了，但是飲食偏好對生存來說至關重要。

在跨國婚姻中，也很常發生晚年時三餐各自解決的狀況，雖然配合對方國家的飲食習慣已經那麼多年，但是年紀大了之後果然還是會想念以前吃慣的早餐，所以就會開始為自己準備喜歡的味噌湯或白飯之類的。

在都市裡感到孤獨的真面目，其實出乎意料地就源自於這些小小生活習慣與文化上的差異。所以我建議感到孤獨時，不妨去品嘗一下故鄉的料理吧。

21 和朋友保持適當距離

有位即將邁入三十歲的男性，在此就稱他為A先生吧，A先生在家鄉的大學教育系畢業後，就加入了東京的電機製造商。每逢盂蘭盆節時會返鄉，和大學時期很要好的朋友四個人聚會。在公司擔任業務的A先生每天忙得疲憊不堪，但是遇到老朋友就會神采奕奕、恢復精神。然而，出社會六年了，A先生總覺得和老朋友聊天沒以前那麼開心了。

四人同為教育系畢業，所以其他三個人現在都是教師。原本也目標成為教師的A先生，後來深受電機廠製造商的工作吸引，才會選擇現在這間公司。

這天，又來到了一年一度的老朋友酒會。剛見面時大家熱烈聊著往事，漸漸地話題轉到學校工作上。除了A先生以外，每個人都是學校老師，話題難免會聊到這方面。

接著終於聊到對學校、兒童、家長們的不滿，他們開始對A先生抱怨：「這些小學生真的很麻煩！」但是，A先生完全不了解學校的情況，只能附和大家，讓他覺得愈來愈無趣。

A先生看著朋友們不禁思考，這些人在學生時期明明那麼愛小孩，現在完全不一樣了呢。大家都不是以前的樣子了，明年乾脆就別返鄉了吧。大家曾經那麼要好，如今卻漸漸失去了這些朋友，讓A先生感到相當地寂寞。

大家想必都和高中或大學時代的朋友，締結了深刻的羈絆吧？待在同一間學校、懷抱著類似的煩惱、分享著相同的喜悅，想必會和這樣的朋友相交一生吧？當年每個人都對此深信不疑。

但是，隨著時光流逝，大家也步上了各自的道路。有人留在故鄉，有人前往大都市。工作類型也會形塑出各式各樣的人生目標。

即使是打從心底覺得能夠往來一輩子的好朋友，終究也不會走在完全相同的人生道路上。

當然，人的本質是不會變的。不過，隨著外界的事物、內心的狀況或承擔的責任不斷變化，我們的處世態度與思考方法也會有所不同。最後，因為各自長大成人的關係，我們與老朋友之間的共通點自然會愈來愈少。一旦共通點減少，就會愈難找話題，甚至讓人覺得彼此之間的關係變差了。

舉例來說，專心於育兒的女性，與單身並且在職場奮鬥的女性之間，共通話題不多吧？無論學生時代感情多麼好，只要少了共通話題，關係就會漸漸疏離。這雖然令人感到寂寞，卻也是莫可奈何的。

「諸行無常」。世間萬物都會不斷變化，世界上沒有任何一種事物會一成不變。雖然這是佛教的思維，但我認為人心也是相同的。

「那傢伙變了好多。」「她跟以前完全判若兩人。」我們常常會聽到這樣的話，事實上，人會改變是理所當然的，如果還跟以前一樣的話，那才更令人擔心，因為人類本來就會隨著身處環境與狀況而改變。

如果覺得和學生時代的朋友產生了隔閡，那就試著稍微拉開距離吧。**不必強迫自己每年參加聚會，也不需要立下多久一定要見面一次的約定。只要彼此覺得相處有些不自在，就應該試著拉長不見面的時間。**

睽違幾年後再久別重逢，或許會恢復儘管多年未見，卻一見如故的狀態，如此一來，彼此間的友誼會再度親密起來，讓人覺得闊別那麼多年的時光宛如只是一場夢，而這樣的關係才是真正的朋友。

如果幾年沒見就不再見面的話，那就算了吧。即使是學生時代的朋友，也沒必要勉強自己去見對方。從此別過，代表兩人的緣分也僅止於此。

朋友之間的距離感，該維持在什麼程度呢？我認為是彼此都不會覺得為難的距離，不必隨時把對方放在心上，有時也能不經意想起朋友的笑容和歡樂的時光——這樣的程度或許才是最恰當的。

22 緣分的流動是平等的

差不多到了適婚年齡，卻少了最重要的結婚對象，有些人會不禁感到焦慮吧？原因五花八門，包括邂逅的機會變少、工作太過忙碌，或始終遇不到讓你心動的人等等，相信常會有人因為沒有伴侶而感到寂寞或孤獨吧？

單身的人嘴邊常常掛著這些話：「我沒有這種緣分。」「良緣總是跟我擦身而過。」日本自古有句話叫做「緣遠」，意指到了適婚年齡仍無法結婚的男女。

但是在佛教的觀念裡，認為緣分會在人與人之間平等流動，**無論是什麼樣的人，獲得的緣分都是相同的。有人能夠順利把握這些緣分，有些人卻沒辦法，有些人則是沒注意到近在身邊的緣分。**簡單來說，緣分取決於能否親手把握住機會。

感嘆自己交不到男女朋友的人，大多都是靜待良緣自動降臨吧？

總是被動，不願意主動去締結緣分的話，很遺憾，這樣是無法遇到合適對象的。

我很常以梅花的花蕾形容。花蕾會在冬日將盡、春日在即的某個晴天，於暖風的吹撫之下綻放開來。然而，有些花苞會開，有些則遲遲不開。即使都生長在相同場所，仍有會開的花與不會開的花。

這是為什麼呢？因為感受到春意便盛開的花蕾，早就做好春風一來就要開花的準備；春季以後仍不開的花苞，則是以為春風未到，所以還沒做好開花的準備。

小小的不同，造就了莫大的差異。人的緣分也是如此，有些人做好了準備，以迎接隨時到來的緣分，因此，緣分來臨時就能夠確實把握住。相反的，如果完全沒做好與人結緣的準備，連緣分到來都不曉得。

那麼，該怎麼做好結緣的準備呢？不是一直找尋有可能交往的人，也不是用盡全力表現出自己對戀愛的渴望。

我認為結緣前的準備，是記得面帶笑容。無論是初次見面的陌生人，還是經常在職場碰面的同事，都要帶著笑意與對方交談。這與諂媚不同。

笑顏是所有表情中最棒的，只有人類能夠展現出如此美好的笑容。最重要的是，笑容是每個人都擁有的寶物。

既然擁有這項寶物，當然得好好運用才行。假設有人面無表情地對自己道「早安」的話，各位會怎麼想呢？雖然也會回一聲早安，但內心不會產生任何波動吧。

相反的，如果對方面帶笑容說聲「早安」，我們的心情也會跟著變得愉快，期待今天會是美好的一天。

這無關乎對象是男性或者女性。擁有美好笑顏的人，自然會招來美好的緣分。這與性別無關，單純是人們想和面帶笑容的人結識，因此會吸引許多人聚集過來。

所謂的戀人，最初也只是人際關係之一。通常是對彼此抱著良好的印象，而後才逐漸發展成戀愛關係。

所以，不需要一開始就擺出一種尋找伴侶的態度，讓我們先從構築身邊溫暖的人際關係開始吧。別忘了，構築如此關係的最大契機，就是笑容。

有句禪語叫做「和顏愛語」，意思是總頂著和善的笑容，遣詞用字溫柔又穩重。我想，只要彼此都別忘了「和顏愛語」，自然會產生美好而幸福的關係。

即使彼此的情緒有了碰撞，只要適時想起這句話，心情自然會平靜下來。

溫暖的笑容與貼心的話語其實並不難，只要多花點心思，任誰都能辦得到。我認為這份心思，肯定會帶來美好的緣分。

23

重要時刻能夠派上用場的關係

二〇一一年春天，大地震襲擊了日本東北地區。至今從未有過的劇烈搖晃，釀成了無可挽回的災害，想必各位仍記憶猶新吧？

住在東京都的S小姐，是將近五十歲的職業婦女。她已經結婚生子，育兒工作剛告一段落，總算能夠專注打拚事業了。S小姐碰巧在那天請了特休，獨自待在公寓的房間裡休息，而大地震就在此時發生了。

地震暫時停下來時，S小姐立刻打電話到丈夫的公司，幸好丈夫的公司並未發生嚴重災情，也確認丈夫平安。接著又打手機聯絡已經上大學的兒子，雖然訊號不太通暢，但是過三十分鐘以後，總算也確認了兒子的安危。放下心中大石頭的S小姐，忽然有股難以言喻的孤獨感與恐懼感襲來。

雖然家中物品掉落、四散，但是幸好自己沒事。然而，不知強震何時會再來，到時候該怎麼辦才好呢？如果是在公司的話，身旁有許多同事，有狀況時肯定會有人伸出援手吧？

儘管自己擁有家人，這一瞬間卻是孤身一人。她意識到如果有東西砸到頭部，陷入昏迷的話，沒有任何人能夠拯救自己。雖然已經住在這個地區很久了，卻沒有任何一個能夠互相幫助的朋友，在這棟公寓相當於陷入孤立的狀態。這樣的認知，慢慢地在S小姐心中蔓延開來。

女性開始外出工作後，人際關係當然也會集中在職場上，很難像家庭主婦一樣結交其他媽媽或鄰近的朋友。公司以外的人際關係，會愈來愈淡薄。以前曾有過男性缺乏在鄰近社會的人際關係，因此退休後會感覺到被社會孤立的說法。

女性也逐漸面臨了相同的困境吧？在公寓中呈現孤苦無依的狀

態，甚至不曉得隔壁住著什麼樣的人。如果是住戶眾多的公寓，恐怕遇到人時連對方是不是鄰居都不知道，於是就演變成出狀況時無人可商量的窘境。年輕時總能夠想辦法度過，但是上了年紀後，附近沒有朋友還是會感到不安。

S小姐的社群網站上，當然也有許多可以聯絡的對象。但是遭遇天災時，就算透過社群網站求救，也很難有人及時伸出援手。因此，如果鄰近有能夠互相幫助的朋友，就會令人感到放心許多。大規模地震隨時有可能發生，也不知道其他天災什麼時候會降臨。換句話說，在這種不知何時會需要幫助的情況下，平常就必須構築好人際關係。

無論男女，都應與鄰近社會保持良好的關係。第一章已經介紹過，要建立關係的第一步就是打招呼。當然，打招呼是人際關係的基本，但光打招呼是不夠的，我們還必須從中衍生出更多對話，才會形成真正的交情。

假設主動向他人說聲「早安」，對方也回一聲「早安」就結束的話，雙方的關係僅止於「打過照面」而已。

所以請不要止步於打招呼，試著在對方回應時多說幾句話。例如，在對方回以「早安」時，多加一句「今天好像會很熱耶」、「昨天電車班表大亂，實在好慘」等。光是多這麼一句話，單純的打招呼就會演變成日常中的對話。

只打招呼的人，很難能留下深刻的印象。有時雖然打了招呼，對方還會想著「這人誰啊」，根本不記得你的名字。但只要有過簡單的對話，自然會在腦海中留下身影。在彼此的記憶裡留下痕跡的人，自然而然也會變得親近起來。

什麼樣的對話內容都無妨，只要經過多次的簡單交談，就有可能逐漸建立起交情。

我認為，鄰近社會的往來，也不見得要太過深入。合拍的話，或許會變成好朋友，不過，沒必要強迫自己建立深厚的關係。

社會上的人際關係，相處起來太過綁手綁腳了。職場難免有無論多麼討厭，都得維持一定往來的人，甚至會造成心理壓力，但是鄰近社會可不必如此。只要透過適度的交談，讓雙方都能夠輕鬆以待就足夠了。

24 待在一起卻感到孤獨的理由

和男女朋友在一起時，不知為何卻覺得孤獨。夫妻倆待在一塊兒，卻寂寞得猶如獨自一人。想必有些人會有如此感觸吧？為什麼會不經意心生這樣的情緒呢？有人相伴卻感到孤獨，簡直就像哲學一樣深奧，但是背後原因其實有些孩子氣。

和伴侶待在一起卻感到孤獨，原因是期望對方的心情或想法和自己保持一致。夫妻也是如此。很多人誤以為既然是夫婦，想法就必須在相同的步調上才行。既然生活在一起，就得吃一樣的東西。正是這樣的偏見，造就了孤獨感。

因此，與對方意見相左時，我們就會試圖修正，好讓雙方站在同一立場上。當兩個人的想法出現差異時，會希望消除這份違和感，無法容許兩人觀念的分歧。興起這種念頭時，如果是站在努力理解對方的角度倒沒問題，但是大部分的人都會竭力說服對方，結果敗下陣來。也就是說，如果沒辦法憑自己的力量改變對方想法，就會不自覺地感到孤獨。

相反的，當雙方價值觀不同時，能夠想著「反正也沒什麼，就配合一下吧」的人，就不容易產生孤獨感。畢竟一一計較所有小事也沒什麼好處，簡單來說，就是擺脫「什麼都要一樣」這種束縛。

請停止繼續以「非黑即白」的心態看待事物。我們很容易陷入不是A就是B的思緒，結果凡事都從「幸或不幸」、「美或醜」、「好或壞」、「正確或錯誤」、「富裕或貧窮」等二選一的視角切入，並且認為非得選擇一條路不可。

無論是多麼親密的情侶或夫妻，都會有意見或想法不同的時候。**用非黑即白的態度去面對時，就會一味地強調自己的主張，不知不覺間忽視了本質，反而陷入表面的爭執。**

舉例來說，夫妻倆在討論孩子的教育。丈夫認為：「我想讓孩子去上有名的私立中學，將來好當個醫生。」妻子卻表示：「這孩子很有音樂天分，我希望他將來可以就讀音樂大學。」雙方都是為了孩子著想，但是這樣的衝突，對孩子來說或許相當困擾。

首先，這對夫婦的想法裡只有醫師或音樂家這兩條路，完全沒考慮其他可能性。然而，這件事情的本質應該是「孩子自己想做什麼」、「當事人覺得幸福的是哪條路」。結果夫婦倆忽視了最重要的部分，討論的內容不是A就是B，無法擁有更深入的對話。那麼，位處事件中心的孩子，究竟是怎麼想的呢？

我認為情侶之間亦是如此。結婚典禮要辦在教堂還是神社？宴客要選法式料理還是日式料理？這些選項其實不是重點，只要兩個人都真心覺得幸福那就夠了。

兩人之間肯定會有想法與心情上的出入，身為彼此獨立的人類，這種差異才是天經地義的。不必堅持調和不同的想法，繼續維持不一樣的觀念也沒關係。想去的地方不一致的話，那就各自前往喜歡的吧。

想吃的食物不一樣，而且非得吃到的話，就分別去不同的店家。當然這麼說或許太過極端，但是我希望各位能夠明白，從「非得相同」的偏見中解放是多麼重要。

只要互相喜歡就好了。其他部分就尊重彼此的想法，偶爾走在不同的道路上也沒關係。結婚之後，必須兩人同心協力走在同一條主要道路上，但是難免會出現十字路口，這時讓想去見識一下的人自行前往吧。即使偶爾會各自走上分岔路，只要最終回到同一條路途就沒問題了。

熟悉這種生活方式後，你可能會覺得對方就像空氣一般。我們平常不會時時意識到空氣的存在，但是少了空氣卻活不下去。而夫妻正是這樣的關係，不是嗎？

夫妻倆待在一起時，卻沒有什麼特別的想法，有時甚至連對方在不在身邊都沒有意識到——我認為這才是夫妻關係的最終型態。只要對方變得像空氣一樣自然，就不會感到孤獨了。

25 換個地方見面來加深彼此的關係

以前寺院是當地人休憩的場所。每座村莊都會有寺院或神社，村民們有事沒事就會聚集在此處。寺院是村民討論事情的場所，也是孩子們能夠玩到天黑的地方，以前還會開設教育平民子弟的寺子屋，因此也具備教育的功能。此外，平時偶爾會有人找住持諮詢煩惱，寺院可謂人生迷惘時的避難所。

這是個近在身邊，卻又與日常保持少許距離的場所。讓人在忙碌的日子中，有機會重新審視自我。在家裡無法思考的事情，到了寺院就可以靜心思量，有時還能夠引導出最深層的自我。我由衷祈願著寺院能夠一直保有這些功能。

我擔任住持的這間寺院有位年輕的女性壇家（壇家制度，每個人的生老病死，都會歸於特定的寺院管理），她是位外貌清純優雅的女性，有時會前來掃墓。我們曾經有過聊過這樣的事情。

她最近交了一位男朋友，雖然有論及婚嫁，但對方不知為何鮮少提及自己的事情，包括成長過程、小時候是什麼樣的孩子等等。雖然不是非知道不可的事情，她仍相當好奇對方的童年。

某天她帶著那位男性來到寺院祭拜祖先。兩人掃墓後供奉了鮮花，點香並雙手合掌，完成整個流程後，男性靜靜開口了。

「來到寺院就想起了我的祖母。我的母親早逝，所以我從小就是祖母養大的。每次為母親掃墓時，祖母總是會陪在我身旁。因此，寺院讓我想起了祖母溫柔的臉龐。」

這是他從未提過的話題。女性當然知道男朋友的母親很早就過世了，但是卻沒聽過與祖母相關的話題。當然，男性也打算總有一天會告訴她吧？而那個「總有一天」，正是掃墓的這一天。

寺院是個神奇的空間，飄散著稍微脫離日常的氛圍。試想如果男性在市中心的咖啡廳提到祖母的話，感覺會怎樣呢？肯定會像是單純在自我介紹一樣吧。

或許他只會平鋪直敘地傳達出自己被祖母帶大的過去，無法讓女朋友知道自己有多麼感謝祖母、多麼喜歡祖母。我認為唯有在寺院，才能夠幫助他確實傳遞出這份心思。

女性表示對他的心情感同身受，所以也想要進一步地接納他的內心。經過這次的掃墓，兩人的關係想必又加深了不少吧。

人際關係身處的「場所」，也是一項重要的因素。關係的狀態，會隨著場所而異。舉例來說，職場上難免會有想敬而遠之的人吧？職場外也會有能不見面就不見面的對象。

但是，剛好你與這麼討厭的人都參加了公司的網球社團。一起打網球的時候，才發現對方與上班時判若兩人。工作時會以嚴厲的口氣指責他人，打網球出錯時卻別說生氣，反而還會出言鼓勵隊友。這時你才第一次注意到：「原來這個人也有這樣的一面啊！」

透過在網球社團的接觸，逐漸產生了信賴感，連帶在公司內的關係也漸漸轉好了。即使像以往一樣因為公事被罵，卻不再覺得那麼火大了，非常不可思議。

以這個例子來說，原本單純以職場上的情況判斷對方的為人，所以處得不好，我想這種情況應該很常見吧？

有時，我們也難免與朋友或戀人交惡。關係愈深厚，就愈容易展現出真實的自我。簡單來說，就是雙方都會變得比較任性，導致彼此之間很容易因為小事而起衝突。

這時不妨試著換個地方見面如何？我認為放棄去慣的咖啡廳，換個沒去過的地方應該不錯。最好是遠離雙方日常的場所，這種做法能夠讓彼此冷靜下來，還有機會客觀地自我反省。踏入與日常稍有距離的空間，或許可以為兩人的關係創造新的可能。

職場人際關係的煩惱

仕事と人間関係の悩み

如果職場有排擠他人的風氣，便會形成人人都害怕被孤立的環境……所以，遇到狀況不佳的同事，要懂得伸出援手。你釋出的善意，總有一天會回饋到自己身上。

26 在職場遭受孤立的人們

職場上肯定有苦惱於人際關係的人吧？即使在同一間公司上班，卻沒有能夠說出心裡話的同事，總覺得部門內只有自己融入不了。認為職場生活很不愉快的人，其實出乎意料地多吧？如果有人內心如此不滿的話，我想問問這樣的人：「你是為了什麼而去公司上班的呢？」

公司不是因為興趣或喜好而前往的地方，而是那裡有該做的工作才去的。踏入職場後，努力完成被分配到的工作，也要對公司有所貢獻。相對而言，你獲得的報酬，就是每個月的薪水。

去公司的目的非常明確簡單，那就是透過工作為公司帶來助益，藉此獲得生活所必需的收入。

我認為只要能夠找到明確的目的，就不會在意無法和同事交心，或者被排擠這類的事情了。

當然，可以和工作夥伴變得親近是再好不過了，但是回歸本質，我們本來就沒必要與同事密切往來吧？只要確實完成公事所需的聯絡與必要互動，工作應該就能夠順利進行。無論與同事交情多麼深厚，只要公事上的事務做不好，對這間公司來說就是不及格的員工。

除此之外，苦惱於被排擠的人們，我建議各位試著回首一下自身的工作狀態。你是否確實完成了被交辦的事呢？部門中肯定會有必須完成的工作，這些任務會分配給底下的員工，由大家分工合作處理。那麼，各位是否達成了自己應盡的責任呢？

這個說法或許稍嫌嚴厲了，不過，在職場裡被孤立的人，似乎有不少人都沒有確實擔起責任。如果能完美處理好自己肩負的工作，成為部門中不可或缺的存在，應該很難被孤立吧？因為任誰都能夠明白，孤立這麼優秀的人對公司是個損失。

當然，其中也有人是因為不擅長溝通所致，但是我認為不必太過在意這點。因為無論是否擅長溝通，最重要的仍是有沒有完成自己的本分。

所謂的溝通有兩種：

一種是朋友或情侶之間的溝通。如果和同事變得親近，與主管、部屬都能夠輕鬆對話，自然也會採取這種溝通方式。這樣的溝通能力會受到天性與生長環境影響，不是每個人生來都具備的。很多覺得不擅長應付人際關係的人，都是摻雜了這種感情所致。

另外一種溝通，則是不帶感情的客觀溝通。與喜歡或厭惡等情緒無關，單純是為了實現特定目標所需要的溝通能力。

我想職場上所追求的溝通能力，應該是後者吧？

因此，不如說自認為不擅長交際的人，反而更需要公事公辦的溝通能力。不要凡事都帶入情緒，專注於應該達成的目標即可。我認為公司所追求的，就是這份能力。

當然，如果兼具兩種溝通能力是再好不過的，既能夠理解他人的心情，也能夠冷靜判斷，我相信真的有人兼具兩種能力，但應該為數不多。

公司和大學社團、志工團體不同，是員工必須齊心協力達成同一目標的場所，所以不能忘記這個根本的原則。

作為一個人，就算與主管或部屬處不來，甚至互相討厭，只要兩人能夠合力帶來良好的成果，就會被職場認定為最佳的搭檔。所謂的公司，就是這麼回事。

在職場上如果不想被孤立的話，就要表現出盡力完成所有交辦工作的態度，實際努力並拿出成果。我認為只要專注於此，就不容易受到孤立。如此一來，反而會成為職場上不可或缺的人才。

如果在職場上沒有被孤立，卻仍感受到孤獨的話，或許是搞錯了自己在這間公司所追求的目標，我認為，只要重新審視自己應盡的責任，就能夠消除沒必要的不安了。

27

容身之處不是只有公司

一天有二十四小時，其中至少有八個小時會在公司度過。不，如果算上加班的話，可能得待上十小時左右。再加上一個小時的通勤，可以說一整天有將近一半的時間，都在職場中度過。

人的精神無論如何都會受到所處環境影響，長時間待在公司的話，就會滿腦子繞著工作打轉。假設公司裡有討人厭的主管或同事，仔細計算下來，或許會發現彼此互動的時間出乎意料得少，並不是整天都待在一起。搞不好在公司直接接觸的時間，也不過一個小時，卻讓人宛如身處地獄一般。

即使下班離開公司，腦袋還是糾結著令人厭惡的主管或同事，就算刻意不去想，也會不自覺在意起來，簡直就像遭到惡魔附身。

不願回想卻不由自主想起，覺得事情過去就算了，但仍然始終難以忘懷。這是因為自己的內心，還膠著在「工作」上，可以說是已經與公司融為一體了。

認為公司是自己應待的容身之處，也是唯一的歸屬。當你滿腦子這樣的想法，就會遲遲無法從職場發生的事件中解放出來。

在如今的小學或國中裡，被欺負到拒絕上學的案例並不罕見。為什麼孩子會被逼到這個程度呢？那是因為孩子深信，學校是自己唯一的容身之處。倘若失去了這個棲身之所，就會覺得世界上再也沒有可以容納自己的地方了，這樣的心態會讓人變得無處可逃。

大人亦同。覺得自己只有公司這個安身之地，如果失去了唯一的依靠，就等同於失去賴以生存的場所了。**不想失去容身之處的心情，會讓人開始勉強自己，甚至會自欺欺人地迎合周遭。經年累月之下，心靈便會漸漸地崩壞。**

希望各位先明白一件事情，那就是你的歸屬不會只有職場而已，這個世界上還有許多容身之處，需要你努力去探索。

古代有個名詞叫做「結界」，是用來守護特定地區以避免邪魔入侵的法術，簡單來說，結界就像區隔了彼世與現世，為兩個世界畫下界線一樣。

我們必須在生活中設下「結界」才行。例如下班後朝著家的方向前進時，在通往鄰近車站的路上，總是很難擺脫職場上的情緒，會不經意想起這天在公司所發生的事情。

「還有一項工作沒完成。」「主管那句話太令人不爽了。」腦中不斷翻騰著今天發生過的事情，尤其工作進展不順利的日子更是如此。

在擠滿人的電車裡，隨著車一路行駛搖晃時，你一邊回顧著今天的種種遭遇，即使翻開書本也看不進去，就這樣抵達了離自家最近的車站，剪票口映入了眼簾……

若將剪票口視為自己的「結界」，會發生什麼事情呢？想像著只要穿過剪票口，就宛如踏進另一個世界，公司裡發生過的事也隨之從腦海中消失。因為你內心已經決定好，接下來即將踏入的，是一個與職場完全無關的世界。

通往另一個世界的道路，沿途景色與通往公司的道路迥然不同。儘管已經入夜，在路燈照射下的花草樹木卻格外唯美，而這條路的盡頭，正是等待自己回家的家人。穿過圍牆大門來到家門口，按下門鈴後聽見孩子們的聲音，門一打開就傳來「歡迎回來」的瞬間，與職場截然不同的世界，使你眼前豁然開朗。

人類需要多個容身之處。「公司是我唯一的容身之所。」「我的安身之處只在家裡。」想法能夠如此堅定，或許也是一種幸福。因為代表說出這種話的人，有多麼熱愛現在的工作，或者多麼重視自己的家庭。

然而，沒有一個容身之處是恆久不變的，我們遲早會與公司分道揚鑣，家庭的形式也會隨著時間改變。請各位務必做好心理準備，這世界上沒有永遠存在的場所。

28 職場的關鍵是學會換位思考

人們在職場遭到孤立的原因有兩個，分別是工作態度與人際關係。如果是因為工作上的問題遭到孤立，那麼，只有努力提升自己才能夠解決。

萬物都有所謂的「關鍵」，也就是事物的中央、圍繞著最核心的部分。進行禪的修行時，最主要的目的就是看透世間萬物的關鍵。

無論是什麼樣的工作，都有某個決定性的關鍵。我們必須透過形形色色的任務，才能夠完結一項工作，其中肯定會有最重要的環節。而這個環節就是這份工作的關鍵。換句話說，相當於這份工作的「重點」。

在此以工作能力備受讚賞的人為例，請仔細觀察一下對方的工作方式吧。這個人理應是以最短路徑朝著終點邁進，在毫無多餘動作的情況下，專注地朝著目標奔馳。簡單來說，工作能力很好的人，都看得見自己應執行的工作「關鍵」。這種人不會在職場上受到孤立，無論性格如何，都至少能夠獲得周遭人的信賴。

另一方面，能力不佳的人，往往看不見工作的關鍵。現在最重要的是什麼呢？應該優先處理的是什麼呢？看不見這些要點的話，整天都在繞遠路，導致工作進度延宕，對其他人造成困擾。長久陷入這個狀況的話，終究會在職場中遭受孤立。

如果看不清自己工作的關鍵，那就仔細觀察備受好評的人並從中取經吧。**試著直接詢問「這份工作最優先該做的是什麼」吧，這不是什麼丟臉的事情。我認為搞不清楚工作的核心，卻假裝自己知道才是真正的羞恥。**

人際關係亦同。有些人與人往來總是不太順利，很不擅長處理人際關係。然而，我認為人與人之間的交際，沒有所謂的擅不擅長，說自己不拿手的人只是在找藉口而已。覺得自己不懂得如何與人交往，而且希望有所進步的話，就必須從自身開始努力做起。

人際關係也有所謂的關鍵。他人對自己有什麼需求？自己該怎麼做，才能夠符合對方的期望？我們必須不遺餘力地探究這一點。

在禪的修行中也很常思考這件事情。修行僧會仔細思索老師（禪宗裡具備指導能力者）說的每一句話，探尋老師想傳遞的真義。會不會表面說的是這樣，背後卻另有蘊含的意義呢？修行僧會竭盡心力去思考這些話語之中的關鍵。

站在指導立場的老師，也會時時解讀弟子的心靈。「這位弟子是否真的明白我想表達的事情呢？又了解到什麼程度呢？」雙方會認真地面對彼此，找出與對方溝通的關鍵。專注地看著另一方的眼睛，全心全意與之交流。這是禪宗極其重要的修行。雖然公司的人際關係與禪的修行不同，但仍應該盡力解讀他人內心的真實想法。

對人際關係的應對是否上手，並不是取決於表面上的技巧，而是即使鮮少交談，也能認真面對他人的內心，設身處地去思考：如果是自己，會在這段關係裡追求什麼。我相信，只要做好這樣的工夫，在職場就不會受到孤立了。

29

致與主管處不來的人們

在名為公司的組織裡，肯定有主管的存在，這件事情本身是無可避免的。相信很多人提到主管，就不由自主想要逃避吧？但如果能和主管相處融洽的話，對方可以傳授你做事的眉角，因此，學會與主管相處是提升自我能力的一大要素。

我們應該以客觀的角度看待對方，專注於達成工作目標，不要納入多餘的情緒——雖然說，只要追求這樣點到為止的關係就好，但人際之間終究是複雜的。

人與人互動難免會摻雜好惡等個人情緒，只要稍稍覺得與對方處不來，就會對彼此的關係造成阻礙。情況太過嚴重時，其中一方還會在職場受到孤立。

在釋迦牟尼佛的教諭中，有提到「諸行無常」這個觀念，如第三章〈和朋友保持適當距離〉一篇所述，「無常」是佛教思想中的基本，認為世間萬物總是變幻莫測，沒有恆久不變的東西，沒有任何人事物會永遠停留在同一個的地方。

公司這種組織亦同，現在的主管不可能過了十年、二十年都無可替代。一般的日本企業每隔幾年便會有一次人事調動，也就是說，連眼前這位處不來的主管，也遲早會調職到其他地方，或者說不定在那之前，你自己就先調往其他部門了。不管是哪一種，至少都不必忍讓一輩子。因此，踏出公司後請瀟灑地忘了這位主管，盡情享受自己的歡樂時光吧。

有些人下班後會和同事邊喝酒邊抱怨主管，各位不覺得這樣做很沒意義嗎？都已經和同事一起享受快樂的飲酒時光了，就不需要老是想著那位「沒用的主管」，應該爽快地將他從腦海中驅逐才是。

人類擁有自我，世界上沒有不具備自我的人。但是，當自我意識過度強烈時，勢必會引發衝突。簡單來說，所謂人與人之間的「紛爭」就是不同的「自我」互相碰撞，試圖要求對方接受自己的主張而起。

請試著偶爾壓抑住「自我」，站在對方的立場換位思考一下。不要直接認定都是主管的錯，試著問自己：「事情真的如我所想嗎？會不會我才是造成衝突的原因呢？」人際關係的矛盾通常不會只是單方面的錯誤所導致。釋迦牟尼佛希望我們認清的，就是這種「彼此彼此」的狀況。

30 與部屬的相處方式

現代社會非常重視性騷擾與職權騷擾的問題，各大企業的人事部門都拚命在處理這些狀況。「騷擾」一詞也儼然成為流行語，我聽說現今「○○騷擾」的相關名詞就多達將近二十種。

然而，痛苦的不只有受到騷擾的人，因為遭控訴而困苦的人同樣多得數不清。尤其是主管遭部屬投訴職權騷擾，往往百口莫辯，即使是真心為了部屬著想所做的行徑，在被投訴的那一刻就付之一炬了。因為非常在意公司評價的人事部門，通常會立刻將這位主管調走吧？

事實上，曾有位四十五歲左右的部長職男性來找我諮詢，他因為遭投訴職權騷擾而被踢出部門，在此稱他為B先生。B先生在中堅建設公司擔任部長，是率領著十名部屬的菁英業務。某天，其中一位員工突然投訴他職權騷擾，結果他就從業務工作中被剔除了。

和B先生見面時，我看得出來他的內心非常正直，能夠感受到他真心為部屬著想，希望將十人都鍛鍊到獨當一面的程度。他想將工作至今的訣竅都一一傳授給部屬，希望培育出在公司備受肯定的業務員，一路走來，都誠懇地面對所有員工。

沒想到站在部屬的立場，卻成了嚴苛的職權騷擾。因為B先生將自己打拚至今的工作方法，都強行施加在員工身上。B先生年輕時工作到晚上九點十點是家常便飯，多虧了這番努力才能夠順利升遷至部長。因此，他希望底下的十個人也能循著他走過的路出人頭地，並坦率地向他們傳達了這樣的想法。

十名部屬中有兩人成功跟上了B先生的嚴格指導，並且贊同他的工作方式與思維。然而，對其他八個人來說，B先生卻為他們帶來了無盡的痛苦。

會讓B先生誤以為這個方法行得通的，是那兩位跟得上的部屬。如果十個人都表現出抗拒的話，B先生也有機會重新審視自己的方法吧？但是確實有人可以跟上，所以他便深信既然有人跟得上，其他人遲早也能追上來。可惜這樣的想法並不合情理。

於是，那八位再也忍不住的部屬，就投訴到人事部了。那兩位緊緊追隨B先生的部屬，也沒辦法輕忽與同事間的關係，因此，儘管他們贊成B先生的管理方法，卻選擇與同事站在一起。這也是理所當然的吧。結果最後就只有B先生被踢出了該部門。

有句禪語叫做「一箇半箇」，是道元禪師聆聽天童山如淨禪師「接得一箇半箇，嗣續吾宗，勿令斷絕」一言後，回國傳授的禪語。

一箇代表一個人，半箇代表半個人。意思是儘管真正能理解的人很少也沒關係。因為師父應該傳授給弟子的道理相當地多，所以就算只能完全教會一人，也必須徹底讓弟子理解所有的教諭。如淨禪師認為，這麼做有助於將來的拓展，也才能夠保護宗派。「一箇半箇」背後，就包含著這樣的意義。

我認為職場上同樣也適用這個道理。主管們對部屬會有個別的想法，人人都期許員工能成長，但終究是無法讓所有人都明白自己的苦心。

承接指導的部屬，也有各自的性格與思想。因此，如果主管對每位部屬都使用相同的言論，其中必然會有爽快接受與覺得反感的人。這就是所謂組織內的差異。

一樣米養百樣人，該如何讓所有人都聽明白呢？這就得好好費心思了。

31 不受肯定也沒關係

不想在職場遭受孤立，希望和所有人都融洽相處；不想被大家討厭，最好能夠人見人愛。有些人因為對此太過執著，不知不覺間便會過於勉強自己，只為了獲得他人口中「那個人真是好人」之類的評價，而盡全力支撐著。

「很多人拜託我幫忙。」有些人如此表示。在職場上總是有同事或前輩請託自己幫忙做事。而且通常都是在傍晚下班時間，才跑來合掌拜託：「可以幫我處理一下這個嗎？」「抱歉，我今天和人有約一定得出席，你能不能在明天之前幫我完成這份工作？」

既然人家都開口了，拒絕好像很不好意思。雖然自己也想早點回家，不過再加班兩個小時還能接受，所以你就答應了。

這時，你內心會產生一種被人依賴的喜悅吧？腦海中的某個角落，會想著既然大家都來拜託我，就代表我深受大家的信任與喜愛。總是協助他人處理工作的人，肯定會被身邊的人們稱為「好人」吧？但這可未必是正面評價，有可能只是被當成「工具人」罷了。

為什麼沒辦法果斷拒絕他人的請託呢？或許是因為擔心拒絕會破壞人際關係所致吧？既然人家都開口要求幫忙了，拒絕等於違背了對方的信任。愈是認真誠懇的人，愈容易陷入這樣的謬誤。

我認為拜託別人幫忙做事時，應該遵守「一人一半」的原則，尤其職場更該如此。你拜託我、我拜託你，你幫我、我幫你，這樣的比例必須是一人一半才行。如果一直都是特定一方增加他人負擔的話，就稱不上是工作夥伴，而是主從關係了。

「可以幫我處理一下這個嗎？」別人拜託自己幫忙時，請先客觀審視對方委託的整體工作狀況。有多少分量？會占據自己多少時間？客觀檢核之後再依自身能力，接下自己有辦法處理的部分，並且清楚告知：「這個部分給我兩個小時可以完成，但是剩下的工作我現在恐怕無法勝任。」

如果對方委託的是自己特別擅長的領域，不會占太多時間的話，直接答應也沒關係。

但是，明明超出自身能力，卻強行接下工作，到時候要是無法準時完成該怎麼辦？這對委託的人與接下任務的人來說都不是件好事。未經深思熟慮就接手別人應盡的責任，反而會對周遭人造成困擾，這是工作時必須特別留意的問題。**因此，辦不到的事情就應該明確地告知對方，這才是真正的信賴。**

世界上有些總是熱心幫忙的「好人」，也有放肆利用這些「好人」的人，那麼，這是誰的問題呢？相信很多人都會覺得，是把工作丟給別人的一方有問題吧。利用別人為自己爭取好處，常常找藉口把工作丟給同事，就為了能夠輕鬆一點──社會上確實有這種奸詐的人存在。

但是，我認為這種狀況不是單方面的問題，雙方都必須負起責任才行。總是利用他人的這個人有錯，一直不敢拒絕而接受的人也有錯。

會把工作丟給他人處理的人，平常就會探索好下手的目標。發現濫好人出沒時，就會不斷拜託那個人。如果身邊沒有半個濫好人，那麼，他們也只能自己處理了。除此之外，這麼做對當事人來說，也有助於提升工作能力，不是嗎？

32

公司無用之人的意外價值

有句叫做「夏爐冬扇」的禪語，意指「夏季的暖爐」與「冬天的扇子」。炎炎夏日不需要暖爐，寒冷冬日當然也不需要扇子。因此，這句話指的就是「多餘的事物」。另外還有一句意思相同的詞彙，就是「白日燈籠」。明亮的白天不需要燈籠，就算點亮了燈籠也毫無意義。同樣用來表示無用事物與多餘的人類。

以前日本就曾利用這句話，想出了「白日燈籠型員工」這個名詞。簡言之，就是對公司或部門來說派不上用場的冗員，這些人儘管出了社會，工作上卻毫無建樹。雖然整天坐在辦公桌前，卻根本沒人曉得他們做了什麼樣的工作，可以說是公司的包袱。

相信很多人的職場都有這樣的同事吧？而這些白日燈籠型的員工，遲早會在職場上遭到孤立。

在經濟高度成長的繁華時代，即使交出的工作成果不多，周遭人也不會太過在意。甚至有些人在職場上沒表現，卻會在宴會上使出渾身解數，博得「宴會部長」的美稱，同事們仍然會將其視為夥伴。

然而，現在已經不是那麼悠閒的時代了，企業會要求所有員工都要拿出成果。也因此，公司內部的競爭漸漸變得激烈，每個人都繃緊神經在工作。

當然，在商務世界追求成果是理所當然的，我不否認每位員工都應該確實交出成果，公司才能夠成長茁壯這個事實。但是在如此狀況中，我們很容易忘記最重要的一件事。那就是光憑一個人，是無法交出完整成果的。

乍看之下，以為是某個人獨立完成的工作，身旁其實有同事或部屬們出手相助。因此，肯定也有遭人揶揄為「白日燈籠」，卻使盡全力在檯面下輔佐他人的員工。請各位千萬別忘記這個事實。

另外一件不應忘記的事情，則是現實生活中，沒有人能夠持續交出令人滿意的成果。既然有總是能做出優秀成績的員工，當然也有只能做好小事情的員工。不過，以長遠的眼光來觀察，會發現鮮少有員工能夠一直做出人人稱羨的成績。拉長到十年、二十年的角度來看，便會意識到每位員工的貢獻其實相差無幾。

有些員工只是剛好現在還拿不出成果而已，因為他的付出還沒結成果實，或者努力的方向稍有錯誤，有時也可能只是比較倒楣。總而言之，就是有再怎麼盡力都無法適時做出好成績的人。

但是，我們可不能隨便就排擠這些員工，也不可以僅是一年沒做出優秀表現，就為對方貼上「白日燈籠」的標籤。正所謂禍福相倚，即使現在一帆風順，某天或許也會突然跌落谷底。

換句話說，隨時都有可能換成自己被貼上「白日燈籠」的標籤。

所以，工作順利的人在職場遇到狀況不佳的同事，要懂得伸出援手。你釋出的善意，總有一天會回饋到自己身上。如此一來，日後換自己陷入瓶頸時，也會有人願意給予協助吧？反之，如果在職場上孤立某個人，便會形成人人都害怕被孤立的環境，進而開啟孤立與孤獨的連鎖反應。

看到「夏爐冬扇」與「白日燈籠」這兩句話，人們都會聯想到「無用的人事物」這個解釋，但其實這兩句話原意並非如此。

最初的意思是，即使現在派不上用場，遲早也能夠帶來助益。炎熱的夏季不需要暖爐，但是不會有人因此就把暖爐丟掉，相信也不會有人因為冬天用不到扇子，天氣一轉涼就馬上丟掉扇子吧？畢竟這些都是終究會再派上用場的東西。

人們會在暖爐與扇子再度發揮用處之前仔細收好，並且做好確實的保養。工作亦同。

即使現在沒有亮眼的表現，似乎成為了大家的負擔，終有一天仍會有施展的機會。因此，平常應該持之以恆地努力、強化自己的實力，為日後的舞台做準備，千萬不可以失去自信。畢竟，世界上沒有完全無用的人。

33

萌生換工作的念頭之時

現代人換工作比以前快上好幾倍，相較於那個一進公司就待到退休的時代，整體職場變得更加自由且富流動性。每個人都得為自己的人生負責，當然，這裡不是要探討換工作的好壞。但是，在輕易浮現換工作的念頭之前，希望大家可以先冷靜思考一下換工作的理由。

「現在的公司沒辦法讓我從事自己理想的工作。」「我適合更高階的工作內容。」「這間公司的人際關係與我不合。」「我不想再和這些人共事了。」恐怕很多人都是為了這些理由而決定換工作的吧？

理想的工作……恐怕每個人都得花上十幾年，才能夠真正找到自己理想中的工作吧？

人際關係亦同。或許是因為不主動敞開心胸，總是靜待他人釋出善意的關係。明明自己也什麼都辦不到，卻老是怪罪在別人身上。

在這種情況下考慮辭職去找別的工作時，單純只是逃避而已，稱不上是轉換跑道。

道元禪師的《正法眼藏》中有提到「大地黃金」這句話。我不屬於這裡，肯定還有其他更棒的地方——人們總是帶著如此想法追求新的去處，相信會找到一個遍地黃金的地方。然而，道元禪師卻認為世界上沒有那種地方。

金黃燦爛的大地，意指最適合自己的場所。而這個場所，其實就在我們的心中。每個人必須於自己現在生存的地方盡最大的努力，即使不順利也不應歸咎到他人頭上，而是竭盡全力去克服。**不要因為痛苦而逃避，而是連痛苦一起接納，勇敢面對，這樣的態度才是重要的**。經過日積月累的努力，自然能夠讓現在所待之地變得金黃燦爛。

「現在的公司沒辦法讓我從事自己理想的工作。」那麼，所謂的理想工作到底是指什麼呢？無論是什麼樣的工作，只要交到自己手上就盡力去完成，如此一來，遲早會孕育出所謂的「理想工作」。也就是說，理想工作並非最初就存在，而是透過資歷的積累，從體內自然而然形成的。

有天，某位進公司一年的女性來找我諮詢。雖然她加入了心目中的理想企業，這一年卻只能打打雜而已。同事們都已經開始接手各式各樣的工作，只有自己老是被指派雜務。「我已經忍不下去了，所以打算換工作。」好不容易應徵上理想的公司，沒想到卻只能日復一日地做些雜活。我能夠明白她的焦慮，因此便表示：

「想必這對精神上的打擊很大吧？換工作當然是一個方法，但是，再試著努力三個月看看如何呢？想著再過三個月就辭職，然後卯足全力去處理現在的工作，如此一來，我相信妳肯定會見到不一樣的風景。此外，我也希望妳明白，世界上沒有什麼工作是『雜務』，每一份工作都有其背後的意義。『雜務』之所以為雜務，其實是妳把它視為『雜務』所致的，不是嗎？」

她聽完，露出了恍然大悟的表情，看到這幅情景，我相信她已經不再心存疑慮。她肯定從我的話語中，注意到了重要的事物。

隔天起，那位女性就竭盡所能處理被交辦的「雜務」，認真地影印資料並加以彙整，用自己的想法努力讓資料變得淺顯易懂。

面對至今從未認真看待過的工作，她開始能夠發揮創意，踏實完成。無論他人交辦多麼無趣的工作，她也會記得要面帶笑容說聲「我知道了」。結果後來公司真的把重要任務交給了她，三個月後，換工作這個念頭已經徹底從她的內心消失了。她透過自己的努力，打造出了黃金職場。

當然，職場環境實在太不講理時，還是果斷換掉比較好。否則，內心生病的話就得不償失了，但是情況還沒有這麼嚴重時，各位不妨告訴自己再努力三個月看看，肯定能夠擁有不一樣的視野。

Chapter

5

如何與孤獨共處

孤独との付き合い方

孤獨的時光能夠為你帶來成長，
告訴你未來該踏上哪條路，為你
提示何謂人生最重要的事物……
如此一來，我們才有機會思考自
己的人生。

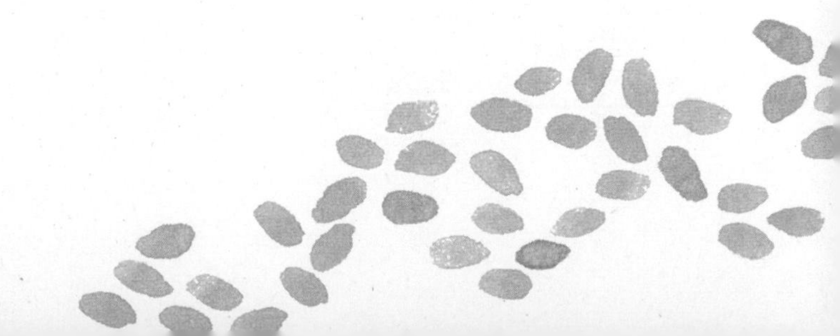

34

分享內心的悲傷

禪宗有個名詞叫做「同事」（どうじ）。漢字不是「同時」，是同一件事情的「同事」。意思是指必須站在他人的立場思考，才能夠真正分享彼此的內心。

有對夫妻的孩子，在小學時出車禍過世了，那是位非常喜歡上學的小男孩，總是揹著大大的書包，每天開開心心地上學去。身為父母，看著孩子如此模樣，肯定打從心底為孩子的成長感到高興吧。沒想到等在後頭的，卻是小男孩不幸意外身亡的結局。

夫妻倆極度憂傷，尤其母親更是悲慟萬分，即使第四十九天的法會完成後，遺體也下葬了，她還是會每週掃墓一次。父親必須上班，在公司的時候多少能夠轉移對痛苦的注意力。但是獨自在家的母親，可以說是二十四小時都離不開這股哀痛悲傷。

過了三個月左右的某天，這位母親獨自掃墓的模樣嚇了我一跳。

她憔悴異常，就像幽靈般面無表情地走著，讓我不得不向她搭話：

「您想必很難過吧，但如果母親能一步一步振作起來，才是對孩子最好的供養。」聞言，眼淚瞬間從這位母親的眼眶流下來。

「其他人都因為擔心而溫柔以待，總是說著『很痛苦吧』。儘管如此，卻沒人能夠明白我的悲傷，簡直就像我獨自被拋下一樣。」

看到有誰在悲苦中掙扎時，旁人會說聲「想必很痛苦吧」、「我非常明白你的悲傷」。當然，大家都是真心想要安慰人，但是難免會覺得這些話有點欠缺周詳。

自家孩子過世的悲傷，只有經歷過的人才會明白。雖然想像自家孩子也死去的場景就能夠理解其中的心情了，但也只是腦袋理解而已。真正能夠分享悲傷的對象，只有品嘗過相同悲苦的人吧？也就是禪宗所說的「同事」。

我告訴這位母親：「世界上還有許多失去孩子的父母，而家人死於意外的人恐怕也多得數不清。您是否願意參加這些人的聚會呢？和抱持相同悲傷的人們一起盡情地流淚吧。」

她接受了我的提議，夫婦倆一起出席因車禍痛失家人的聚會。透過在這個「同事」的場合分享心情，漸漸地恢復了精神。

有句話叫做「同病相憐」，意思是苦於相同境遇的人互相安慰。另外，也有「互舔傷疤」這種表達方式。乍聽之下會覺得有點負面，彷彿很沒出息地暴露自己的脆弱一樣。

然而，我並不這麼想。互相安慰不是什麼負面的事情，一點也不軟弱。這是在煎熬的人生道路中，任誰都會渴求的事物，每個人都有他需要撫慰的時候。

要靠自己的力量跨越悲傷與痛苦極其困難。或許會有人逞強表示自己絕對不會說出軟弱的話，也不需要任何人的安慰，但我相信這肯定不是真心話。任誰都是一邊尋找「同事」一邊生存的。

面對所謂的孤獨感，也不能獨自抱著這樣的煩惱。世界上應該有許多寂寞的人，並不是只有自己深陷於此。

沒有搞清楚這個狀況的話，可能會誤以為自己一個人被拋下了，這樣一來，孤獨感也會日益加劇。你的身邊肯定有其他感到孤獨的人，請先試著找出這些人吧。只要找到一個同伴，自己就不算孤獨了。

35 寂寞的真面目

任誰都會感到寂寞，有時候沒有什麼特別的理由，寂寞感卻在內心某處隱隱作祟。引發寂寞的原因多如繁星，獨自待在房間會寂寞、見不到遙遠的雙親會寂寞、想起分手的戀人同樣會感到寂寞。

從展臂也抱不住的巨大寂寞，到轉眼就能度過的渺小寂寞，我們感受到的寂寞大多數都源自於自己的內心。

以想念鄉下雙親而感到寂寞為例，是因為想起雙親才會覺得寂寞。想起分手的戀人而感到寂寞時，當然也是因為想起戀人所致。說得極端一點，不要回想就不會感到寂寞了。也就是說，我們寂寞的理由，是自己內心所造成的。

想必各位會認為這種說法太過無情吧？如果能夠徹底忘掉前任的話，或許就不會再覺得寂寞了，大家對此也心知肚明吧？然而，很難忘掉對方是不可否認的事實。更何況，對遙遠雙親的思念非常珍貴，任誰也不能否定這樣的心情。

那麼，該怎麼做，才能夠從龐大的寂寞感中解脫出來呢？箇中的答案，就是讓身體動起來。

每天都有需要做的事情，將心思專注於該處、努力地完成，這就是擺脫寂寞的最佳方法。至少，動起身體讓自己沉浸於某樣事物時，是感受不到寂寞的。

「雲水」，意指為了成為獨當一面的禪僧而修行的僧侶。以前有過許多年幼的雲水，當時不少孩子本身沒興趣，卻被父母寄託給寺院。年齡尚幼的孩子，這麼早就離開雙親想必容易心生不安吧？肯定會想跑到母親身邊一起回家吧？但是大多數的雲水都克服了寂寞，完成了嚴格的修行。

雲水的修行會從早上四點開始，就連在降雪的寒冬中，也得完成坐禪、清晨的工作，並且在黎明前將寺院裡裡外外打掃乾淨。擰乾冰冷的毛巾，將寺院走廊擦得一塵不染。

總算享用完早餐後，早上還得完成各自分配到的工作，下午則要進行「晚課」，有時候也要出門化緣。夜間更有名為夜坐的坐禪。

一天就這樣過去，雲水們到了就寢時間早已經精疲力盡。整天毫無休息地勞動身體，每項工作都是修行之一，當然不能偷懶。必須緊繃著每一條神經，認真面對應盡的任務。這種生活絲毫沒有讓寂寞入侵的間隙。

夜裡躺在床上，或許會不經意想起鄉下的母親，思念家人的寂寞感瞬間襲來，但是疲憊的身體卻渴求著睡眠。結果，雲水們往往在寂寞襲罩之前，就陷入了深沉的夢鄉。

如果不管多麼努力，都擺脫不了寂寞時，就不要和這份寂寞感硬碰硬比較好。先把寂寞擱一旁，回到眼前的任務。忙於工作的人通常感受不到寂寞對吧？這是因為內心專注在工作上的緣故。

靜靜待在家中時，寂寞就會主動靠近，所以，請試著在寂寞逼近前逃離家門吧。到附近的公園散步也好，換上運動鞋出門慢跑也好。

人類沒辦法邊運動邊進行深度思考，全速奔跑時無心做數學運算，在泳池裡全力游泳時，也無法煩惱任何事情。

不過，身體一旦停下來，寂寞就會正面襲來，並在內心不斷地擴大，膨脹到讓你無能為力。因此，試著在演變成如此事態之前，活動身體以驅逐寂寞感吧。

36

孤獨不會一直持續下去

我在想，孤獨應該有兩種場景吧？

第一是物理性的獨自一人，另一種是明明和別人待在一起，卻猛然襲來的孤獨。

最容易理解的情況，就是獨自待在語言不通的國外時所產生的孤獨感。身邊沒有熟識的人，就算想溝通卻不知道該怎麼說，還沒適應該國的生活習慣，所以也不太確定該怎麼行動。於是，即使到處都是人，仍會像個異類一樣而孤獨著。

這種在國外體驗到的孤獨還算好解決，如果身邊都是同一個國家的人，卻仍然感到孤獨的話該怎麼辦呢？即使在同一間公司工作，卻只有自己格格不入；或者與一群朋友相聚，卻沒人願意將目光投向自己。這種身處人群之中的孤獨，或許才是最痛苦的。

其中，說到團體中的孤獨，最可怕的不就是霸凌嗎？有許多小學生與國中生苦於霸凌的問題，我相信大人的社會也是如此。霸凌的狀況並非只出現在孩子的世界，在成人的社會之間仍持續上演著。

但是，絕對不可以因為霸凌而感到孤獨。

某位精神科醫師對遭到霸凌的小學生如此說道：

「你現在正搭乘著名為〇〇小學的電車，這班電車會停靠各大車站。等你上了四年級，電車裡會有一半的朋友轉乘到另外一班電車。到了五年級這一站，或許就換你去搭另外一班電車了。接下來，你只要朝著想去的國中前進即可。現在和你搭乘同一班電車的朋友們，幾乎都不會和你一起到達同一個終點喔。」

這是段非常淺顯易懂的話。想必有許多人都因霸凌或人際關係感到痛苦吧？而且大多數的人，都誤以為當下的人際關係會永遠持續下去。

但是，和霸凌自己的朋友往來一生是不行的。很多人會誤以為處不來的同事或朋友，永遠都不會從眼前消失，然而，這是天大的誤會。我們隨時都可以自由搭車，只要到站後下車，再轉乘另一班電車就好。

人際關係是千變萬化的。

我們身邊的人總是來來去去，就算是和同樣的對象之間，也會各自發生改變。**無論是正面還是負面的人際關係，實際上都無法長久維持。因此，不要困在單一的人際關係中，請先稍微解放自己的心靈吧。**

身邊有討人厭的對象時，試著將目光從對方身上移開，有必要時再和他對話就好了，不是嗎？只要無視對方，對方遲早會從自己周圍消失的吧？

儘管如此，在到達下一站之前的時光還是令人難熬。好不容易到站了，沒想到討厭的人卻不肯下車，結果又得再搭同班車一陣子。真受不了……

有如此想法的話，不如轉換一下視角如何呢？既然都得搭乘同一班電車，稍微努力看看能否改變彼此的關係吧。

這裡最重要的，就是記得我們無法改變他人對自己的想法。

想要改善與他人之間的關係時，首先得改變的就是自己。我們沒辦法指望會霸凌他人的人，突然就變得不再欺負別人了，所以我們只能試著變成不會再被霸凌的人。

把希望寄託在他人身上是沒有意義的，我們所能夠期待的只有自己，所以請對自己抱持更大的希望吧。

不要總想著「反正我就是這樣」，請努力改變自己。任誰都擁有改變的能力，所有人都能夠憑藉自我意識做出改變，每個人類天生都具備如此強大的能量，相信自己吧。

37 孤單的錯覺

大家似乎都過得很開心，為什麼只有自己感到孤獨呢？希望可以想個辦法逃離這份孤獨感。當有人出現如此想法時，我都會試著詢問對方：

「你所說的孤獨是什麼呢？」「你是基於什麼而覺得孤獨呢？」

這時恐怕沒什麼人能夠明確回答，大部分的人都只能給出表面的答案，像是因為「沒什麼朋友」、「找不到另一半」等。也就是說，這些人並沒有仔細探究過孤獨的真面目。

沒有放假可以約出去的朋友，沒有一起過聖誕節的戀人，這真的稱得上是孤獨嗎？要說得極端一點的話，這些都是不重要的小事吧？朋友的數量與幸福感、滿足感等一點關係都沒有。然而，卻有人誤以為朋友少就無法得到幸福，這不就是偏見而已嗎？簡單來說，這樣的孤獨感其實是一種錯覺。

當你感覺自己又要陷入孤獨的漩渦時，先試著調整一下視角吧。我們眼前所見的未必是真相，看待事物的角度五花八門，所以不能僅從單一角度去看，必須試著從不同的層面去探討。

舉例來說，河川與海洋對人類來說都是水，川水能夠飲用、海水有助於營生，儘管如此，河川與海洋對人類而言依然都只是水。

但是，對於住在水中的魚來說又是怎麼樣呢？同樣是水，對魚來說卻是重要的家。如同人類建造房屋居住般，魚兒也會躲在水草中生活。人類眼裡的河川與魚兒眼裡的河川是截然不同的。人類的視角、魚兒的視角或是貓狗、鳥兒的視角，世間萬物的樣貌，正是透過形形色色的視角組構而成。

世間萬物在不同視角下所呈現的樣貌不同，人心亦如此。即使是相同的體驗，有些人會感到開心，有些人卻會以負面的方式解讀，對吧？而**我們解讀與感覺事物的方法，也會大幅改變自己所身處的世界**。

內心紛亂、困在單一的思緒、想轉換視角時，我都建議各位嘗試坐禪。挺直背脊，將注意力集中在略低於肚臍的丹田處，來一場寧靜的坐禪時光。坐禪時首先要輕緩地吐氣，呼吸中的「呼」意指吐出氣息，「吸」則是指吸入空氣。「呼」之所以擺在前面，就是因為呼吸時會從吐氣開始。等肺中氣息吐盡，不特別去做，人體也會自動吸氣。因此，隨著身體的需求緩慢吸氣，是坐禪的基礎。

接著半瞇著雙眼，什麼都不要思考，結果反而冒出更多想法對吧？連「天哪，我好孤單」、「明天該約誰呢」等多餘的念頭都會浮現，但沒關係，最重要的是不要執著於任何一個想法，明快地將其趕出腦海。如此一來，就算覺得孤獨也不會被牽著鼻子走，只要不耽溺於乍現的焦慮與不安，那麼，這些煩憂終究會從心中離開。

坐禪是段孤獨的時光。有許多人會參加寺院的坐禪會，即使現場聚集了許多人，只要打坐並慢慢調整好呼吸，就會各自踏入孤獨的世界，藉此撫平紛亂的思緒。坐禪時間結束後，轉頭便會看見許多人的身影，即使互不相識，卻仍確實散發出人類與人類特有的溫暖。接觸到這股溫暖時，就能夠從名為孤獨的錯覺中解脫出來。

西行大師曾獨自關在山裡修行，在大自然中思考自己的生存方式，思索何謂幸福。這正是一種閑居生活。

但是西行大師並未完全關在山中，即使是西行大師也會想念人類的溫暖吧？所以他每隔幾個月就會下山一次，與親近的朋友飲酒作樂一個晚上，隔天再繼續隱居山裡。日常生活基本上都是孤獨的，不過我認為，只要時不時能夠見個朋友就足夠了。

38 想博得大家喜愛的心情

任誰都希望受到身邊人的喜愛，雖然也會有人表示「被討厭也無所謂」，但我認為這只是說說而已，內心應該還是渴望受到大家歡迎。我們都是社會性動物，希望被人喜歡是理所當然的。如果大家都打從心底認為被討厭也無妨的話，就不會形成現在的社會了。因此，希望討大家喜愛的心情，可以說是天經地義的。

愈期望獲得他人的喜愛，就愈不希望被討厭，但是我們不可能贏得所有人的好感，有時被討厭也是合情合理。

然而，如果對於被討厭這件事情太過敏感的話，有時即使只是區區一個人的厭惡，也會讓我們感到恐慌。就算只有一個人討厭自己，也會覺得好像大家都討厭我。這時，我們就會勉強去改變自己，希望能夠博得對方的好感。但是這種情況下還期望討好對方的想法，往往是白費工夫，對方搞不好會變得更加討厭自己。

比較麻煩的問題是，人們總會不由覺戴上有色眼鏡判斷他人。假設有一個人討厭你，而且還向其他人說你的壞話，結果聽到壞話的人就會戴上有色眼鏡看待你，形成對你先入為主的偏見。結果莫名其妙地，連不熟的人也毫無理由討厭起自己。這樣的情況有時會造就突然襲來的孤獨感，讓我們覺得人際往來更加地費力。

每個人都有自己的好惡，不可能對所有身邊的人都抱持好感，而且沒必要這麼做。遇到處不來的人時，只要不勉強自己，就能夠維持好表面工夫，但還是想努力生出好感的話則太過遷就了。

儘管如此，我們也不會刻意去討厭許多人。人類是很不可思議的生物，面對抱持好感的人時，這份心情自然會傳遞出去，對方感受到之後也會對你產生好感。至少，鮮少人會討厭「喜歡自己的人」。相反的，討厭某個人的話，對方也會感受到這份心情，如此一來，對方當然不會對自己產生好感。

也就是說，如果希望獲得大家的喜愛，就得先學著喜歡身邊的人，當然不必到完全喜歡的程度。只要能夠著眼於對方的優點，就能夠稍微遮掩起厭惡的情緒。

我們必須試著藉此減少「討厭的人」。不再透過有色眼鏡去看待他人，而是用自己純淨的雙眼去尋找對方的優點，我認為這正是人際關係的基礎。

這邊要補充的是，不要總是想著「要博得誰的好感」。我們不必博得所有人的好感，只要維持「不被討厭就好」的程度即可。

要博得他人好感其實是非常困難的，無論多麼努力，終究還是取決於對方的個人好惡。既然取決於對方的主觀意識，自己當然沒有能力去掌控。相反的，有時自己絲毫沒有努力，卻無緣無故獲得他人的好感，對吧？所謂的「好惡」就是一種情緒，我們本來就不可能控制得了他人的情緒。

獲得他人好感並不是一件簡單的事情，但是不被討厭其實出乎意料地容易。譬如說，見面時主動面帶笑容打招呼，就是一件很棒的事情吧？**記得不要亂說話，也不要將自我強加在對方身上。不必特別去做什麼引人注目的事情，只要在相處時多一點點貼心，討厭自己的人就會大幅減少。**

有些人存在感特別低，低到周遭人發現他時會驚訝：「本來就有這個人嗎？」但是其實這類存在感偏低的人不太會被討厭。既不容易獲得好感，相對的也不容易被討厭。

如果和他人相處時多用點心，任誰都能夠避免被討厭。我想，只要不被討厭就夠了吧？此外，存在感總是太低的人，也肯定會找到重視自己的地方。因為這個世界是沒有透明人的。

39 孤獨讓你的思想更豐富

這是個資訊滿天飛的時代，總是握在手上的手機，會不斷流出形形色色的資訊，如果過度沉浸在這些被動接收的資訊裡，可能會漸漸失去獨立思考的能力。

我認為，人類的能力已經在過於重視方便性的情況下退化了。手機裡記錄著許多人的電話號碼，想聯絡誰時只要輸入姓名就能夠打電話給對方，非常實用。

我年輕時則是會先背起特定對象的電話號碼，雖然也會隨身攜帶小小的地址簿，但還是針對幾個重要的人，把他們的電話號碼背了下來。這並非因為我的記憶力特別好，當時很多人都會背起特定的電話號碼。

除此以外，當我要去誰家拜訪時，也會記下完整的路徑。第一次前往時，就會努力將周遭景色確實刻印在腦海裡，下次才知道該怎麼走。因此，只要是去過一次的地方，之後都能夠輕易找到路。但是，對現代人來說，已經不需要親自記得路線，因為手機或車子的導航都會告訴我們。

我並不打算否定現代這些方便的科技產品，工作時也會使用電腦與手機，但是我會特別留心別被這些機器牽著鼻子走。我只有在工作必要時，才會使用電腦和手機，畢竟我還有身為禪僧的任務要履行，能夠看手機的時間也有限。所以，通常只有非用不可的時候，才會仰賴這些方便的工具，沒必要時就不會一直盯著螢幕。如果我有滑手機的時間，還不如拿去思考其他堆積如山的煩惱。

我認為，現代社會裡無法進行深度思考的人正在增加。

無法深度思考事物的話會變得怎麼樣？首先，會漸漸只懂得從單一視角看待事物，不僅對吸收到的資訊囫圇吞棗，還會對除此以外的一切都視若無睹，造成思考方式有所偏頗。

或者，不斷接收透過手機傳來的資訊，結果漸漸搞不清楚哪些才是自己真正的想法。總是被其他人的想法影響，然後再將其轉述出去而已。如此一來，就不是在經營自己的人生，簡直就像活在別人的人生中一樣。

活著就會面臨各式各樣的選項，人生可以說是由大量選擇所連接而成的。要繼續現在的工作？還是辭職呢？要不要和這個人結婚？哪一條才是自己真正該走的路？重要的選擇在眼前一個接一個出現，這時該怎麼選擇適合的道路呢？

答案不在手機的應用程式裡，就算你拚命檢索也應當找不到正確的解答。要做選擇的是自己，而且必須為我們做的選擇負起責任。即使有時候你做了錯誤的決定，責任也在自己身上。**因為能夠活出**

你人生的，正是「你自己」。

人生在世，需要知識與智慧的積累，這兩者同等重要。為了獲取知識而打開手機不是件壞事，只要能夠在眾多資訊中做出取捨，並且藉此成長就足夠了。但是，裡面卻不會出現真正的智慧，因為所謂的「智慧」，必須藉由獨立的思考而誕生。即使我們能夠從某個人身上學習到智慧，仍必須用自己的腦袋加以思考，才能夠轉化成自己的智慧。

智慧不是什麼單純記下來就好的事情。唯有靈活運用知識，並加入自己的想法，才會產生出所謂的智慧。換句話說，知識就像人生旅途上的地圖，智慧則是照亮人生道路的明燈。

我認為身處現代社會，更應珍惜獨自一人的時光，不能受到任何人的打擾。同時也必須從手機中解放出來。如此一來，我們才有機會思考自己的人生。

這段孤獨的時光，肯定能夠為你帶來成長。它能夠告訴你未來該踏上哪條路，為你提示何謂人生最重要的事物，也能夠幫助你冷靜面對眼花撩亂的資訊。請透過這段孤獨的時刻，意識到即使接收到一百則資訊，其中對自己來說有必要的，恐怕也只有一兩則而已。

40 不要執著於勝負

人們都說現代是競爭社會，不久前還會使用「勝利組」、「失敗組」這類的詞彙。以前的日本並不是這樣的，即使必須互相競爭，也不會只看結果而已。那個年代沒有所謂的勝利與失敗，只在乎彼此是否都能感到幸福。

然而，在美系價值觀的影響之下，日本整個社會包括企業在內，都轉換成了競爭過度激烈的狀態。人們開始重視勝負，並且藉此判斷一個人，所以才會有所謂的「勝利組」與「失敗組」。結果，就變成不顧一切只為求贏，就算傷害到對方也無所謂，並且認為輸家是低劣的。溫暖的人際關係，會在這樣的社會中消聲匿跡吧？

進一步來說，應該沒有人能夠一直保持勝利。即使現在是勝利組，也不代表不會突然失敗。如此一來，就會身陷不知何時會落入失敗組的恐懼之中，讓人不得不繃緊神經，一刻也不能放鬆。抱著「絕對不能展現自己的弱點」這樣的心理，特別容易產生孤獨感。

這種情況下，即使勝利了也不會感到滿足吧？倒不如說，甚至會有下次也非贏不可的壓力，變得沒有多餘心思在乎別人。不過，這樣一來，反而更容易在社會上處於孤立的狀態，不是嗎？

從這個角度來看，或許身為失敗組的心靈還比較平靜。因為在競爭中落敗，才會被歸類為失敗組，但是環顧四周之後，會發現到處都是失敗組的人。如果和這些人產生了共鳴，彼此間自然會醞釀出溫暖的羈絆。

雖然沒必要特別加入失敗組，但是就算真的輸了，人生也不會就此完蛋。**落敗時，也只代表其中一場競賽的結果而已。人生本身，並沒有所謂的勝負。**

我們光是降生在這個世界上，就已經是非常值得感謝的存在了。

換句話說，我們能夠出生下來就可以稱得上是勝利組。將目光轉向對活著這件事的感謝後，便會發現這些小小的勝負，其實相當地微不足道。

有句話叫做「切磋琢磨」，與「競爭」一詞有著根本上的差異。競爭只是單純決定勝負而已，只要得出成績就結束了。一場競爭結束後，還會再有另一場競爭。像這樣消磨身心的競爭會不斷地持續下去。

另一方面，切磋琢磨卻與這樣的競爭截然不同。最大的差異是什麼呢？在於競爭的對手都是自己的夥伴。表面上看起來與競爭無異，但目的並非決定勝負，而是為彼此帶來良性刺激以利成長。

禪僧的修行時代非常難熬，沒有一定程度的精神力與覺悟是撐不下去的。不，也有修行僧即使具備強大的精神力仍選擇退出。

我還在修行的時代，同期入門的雲水有幾十個人，此外，同一天開始安居（禪僧的集訓）的人們會稱為「同日安居」。早一日入門的雲水，當然必須比晚自己入門的雲水學得更多。我和同日安居加起來共有四人，我們必須同心協力記下老和尚出的課題，因此，四個人會藉由互相切磋去學習。年輕時的我不明白切磋琢磨的真實意義，總認為這是我們四人互相競爭。每個人內心都有著要從眾多修行僧中脫穎而出的念頭。

四名同日安居中，我和其中兩人都能夠很快記下課題，其中一個人卻怎麼樣都記不起來，不太擅長背誦。

結果到了必須在老和尚面前展現成果的那一天，我和另外兩人都與老和尚對答如流。剩下那個人，卻始終回答不出老和尚的問題。因為他到規定的期限都無法記好，所以我以為他肯定會被罵。

沒想到老和尚罵的不是沒記好的人，而是完美記住的我們三人。他對我們大聲怒斥：「你們三個為什麼沒有教他呢？難道光顧著自己好就以為沒事了嗎？你們這樣才不叫切磋琢磨。」

這段話猶如當頭棒喝。我們並不是為了分出高下而競爭，我們是為了一起進步而競爭——我這才對此深有體認。

41

人為什麼害怕死亡

對人類來說，最可怕的事情不用多說，肯定是死亡。我們總是抹不去對死亡的恐懼，就連得道高僧亦同。雖然是很久以前的故事了，但是這邊想向各位介紹一下備受尊敬的臨濟宗禪僧仙厓和尚。仙厓和尚為現代留下了許多禪畫。

他的畫風輕快灑脫且明朗，隱約能夠感受到溫暖與溫柔。此外他也精通狂歌（江戶時代流行的一種和歌）創作，同樣造就了豐富的作品。

人人都尊敬的仙厓和尚就像個活菩薩，對死亡也相當豁達。那麼，他臨終前的遺言，又是基於什麼樣的想法說出來的呢？圓寂這天，仙厓和尚已如風中殘燭，守護他的弟子們都暗忖：「道行如此高深的師父，肯定不會害怕死亡吧？想必能夠心平靜氣地迎接死後的世界。」不吵不鬧不抵抗，靜靜地接受死亡——開悟的禪僧們都是如此吧？

然而，仙厓和尚在準備嚥下最後一口氣之前，卻說出了出乎意料的話語。那就是「我不想死」。沒想到連這麼了不起的禪僧，最後也留下這句「我不想死」。他說出臨終的話語時，腦中想的是什麼呢？順道一提，據說有名的一休和尚（一休宗純禪師）最後也說出了相同的話。兩者都是內心已達高深境界的高僧，即使是這樣的高僧，仍會在人生的最後階段說出「我不想死」，但是我不認為兩位都對人世間尚有留戀。

既然如此，這句「我不想死」背後肯定有別的意涵吧？這裡請容我以個人的想法加以解釋。

禪的修行沒有終點，會持續到永遠。所以兩位高僧想表達的，或許是這樣……「我的修行還遠遠不足，真希望能在這個世間多修行一段時間。現在就死，或許還太早了。」他們的這句「我不想死」中，或許就蘊含著如此想法。

也就是說，他們想透過這句話，告訴弟子與後人「不可以對眼前的修行感到滿足」。

至於為什麼我們會害怕死亡呢？雖然這是每個人的必經路程，但是只要活著就沒有人經歷過，連想像都很困難。死亡對我們來說，就像被丟到黑暗中一樣可怕。

黑暗中肯定會有深沉的孤獨等待著我們吧？或許對死亡的恐懼，與對孤獨的恐懼是相同的。死亡時會獨自一人，儼然是究極的孤獨。因此，對於獨自一人的恐懼，或許就是對死亡的恐懼。

我是在平成十三年（二〇〇一年）開始擔任住持，在此之前，我長年在父親也就是上一代住持身邊修行。算一算我以僧侶的身分度日也已經四十年了。

這些日子以來，我親眼見證了無數的死亡。雖然我不是醫師，無法知道人們過世時的情況，但是可以協助他們前往佛祖的身邊。其中令我感觸最深的，就是死亡總是來得忽然。無論是什麼樣的死法，對每個人來說，死亡都是某天突如其來造訪的。

寺院供奉的其中一位女性逝世時七十多歲，原本非常有精神，每天都會慢跑，每週固定去游泳兩次。沒想到某天早上慢跑途中忽然心肌梗塞倒地，當場就過世了。這一切實在來得太過突然，讓家屬花了點時間才能夠接受這個事實。

這就是所謂的死亡。只要不是醫學上的安樂死，每個人的死亡都是轉瞬間的事，何時輪到自己都不奇怪。不過，我們不需要時時擔心著死亡，害怕著死亡。只要抱持著「死亡隨時會來臨」的心態過活即可。

我在日常生活中就常常保持這個心態，當然，不是膽戰心驚地過生活，只是將這個事實擺在內心的某個角落。如此一來，今天辦得到的事情就會盡量今天完成，太累的話就放到明天。有時候也會耍賴，想把今天的事情拖到明天，雖然不由自主會產生如此想法，但是「明天」未必會到來。晚上就寢之後或許就無法再次睜開眼睛了。這種想法或許有些極端，然而，其實能夠活著本身就是一件奇蹟了。

現在自己能做到的是什麼呢？今天一天過得如何呢？我會要求自己在生活中懷抱著如此心態，才能打造豐富的人生。什麼都沒做的話，就只是放任時間流逝而已。我想盡力去珍惜寶貴的性命，只要能夠辦到這一點，活著就不會感到孤獨。

有句禪語叫做「日日是好日」。

我們總是會不由自主地比較著每一天，想著今天真是美好、今天實在過得太慘了。但是其實沒有所謂的好日子與壞日子，拿昨天與今天相比一點意義也沒有。**不同的日子不能拿來互相比擬，因為每一天都是獨一無二的體驗，都一樣珍貴。所以人生在世請告訴自己，每天都是好日子。**

所謂的「今天」只會出現一次。「今天」過去之後，就一去不復返了。正因如此，我們更必須專注於每一天，珍惜自己的人生。「日日是好日」告訴我們的，正是這個道理。

人生其實就是日復一日的平凡生活，沒有哪一天是特別的。甚至苦悶或悲傷的日子，可能遠比快樂的、愉快的日子還要多。儘管如此，無論什麼樣的日子都要積極往前看，這才是最重要的。

後記

人類無論是出生還是離世都是獨自一人，無論是多麼深愛的人都不能永遠陪在身邊。從這個角度來看，孤獨才是人類最原始的模樣。

本書的前言裡也這樣提過。我想「人類本來就是孤獨的」，這就是所謂的真理吧？

正因人類本來就是孤獨的，才必須珍惜人與人之間的溫暖羈絆。無論是多麼孤獨的存在，即使知道每個人終究得獨自前行，我們仍然無法一個人生存。

我們會接觸到形形色色的人，在生命中締結許多羈絆。珍惜來到自己身邊的緣分，讓彼此的心靈愈靠愈近。這就是人生。

有句相當知名的禪語——「一期一會」，我想大多數的人都曾經聽聞過吧？

「一期」意指人類的一生，「一會」則是指僅有一次的相會。也就是指漫長人生中僅有一次的相會。即使是在同一個場所、同樣的條件下見到同一個人，當下流動的時間、天候與彼此的心靈狀態都已經不一樣了。

因此，這樣的相會是不會再度出現的。我們日復一日地遇見各式各樣的人，每一次的相會都是獨一無二的。

我們必須珍惜這種奇蹟般的相會，因為時間不會倒轉，每一瞬間過去之後都不會再重來。我們必須感謝每一場相遇，讓我們遇見能夠共度這段時光的人。每個「當下」都是非常可貴的。

有句話叫做「後悔莫及」。我們終究會離開這個世界，而且不知道那一天何時會來臨。但我們不必過於恐懼，只是莫忘那一日終將到來。

自己珍視的人，也會在某一天忽然離去。我們必須用心對待現在每一個瞬間，以防到時感到後悔。

「差不多該打通電話給母親了吧？」有此想法時請務必馬上行動。「明天再打好了。」你或許會把事情一再推遲，但時間是稍縱即逝的，而且「明天」不一定會到來。我們必須珍惜現在這一瞬間，盡心對待眼前的人。這就是「一期一會」教會我們的道理。

珍視周遭的人們，感謝來到身邊的緣分。抱持著如此心態過日子的話，就能夠多少從孤獨中解脫出來，甚至能夠從一個人的寂寞中逃離。

最後，我希望各位能夠做好「每個人的一生都必須獨力行走」的覺悟。

當然會有陪伴著一起度過的伴侶或朋友，但是終究得靠自己的努力。以自己的雙腿站穩，以自己的意識決定步伐。我認為只要是人類，任誰都辦得到。

我認為，戰勝孤獨、以自己的腳步走在人生道路上，是每個人都擁有的力量。我深信人類的強大不會敗給孤獨。

期望各位能夠不恐懼孤獨，珍惜自己與身邊的人，活出富有自我風格的人生。

合掌

建功寺方丈　枡野俊明

孤独よ、こんにちは。

孤獨，你好：給忙於迎合他人，卻無法喜歡自己的我們

作　者　枡野俊明 Masuno Shunmy
譯　者　黃筱涵
責任編輯　李雅蓁 Maki Lee
責任行銷　鄧雅云 Elsa Deng
封面裝幀　江孟達 Meng Da Chiang
版面構成　黃靖芳 Jing Huang
校　對　葉怡慧 Carol Yeh
發 行 人　林隆奮 Frank Lin
社　長　蘇國林 Green Su
總 編 輯　葉怡慧 Carol Yeh
日文主編　許世璇 Kylie Hsu
行銷主任　朱韻淑 Vina Ju
業務處長　吳宗庭 Tim Wu
業務主任　蘇倍生 Benson Su
業務專員　鍾依娟 Irina Chung
業務秘書　陳曉琪 Angel Chen
　　　　　莊皓雯 Gia Chuang

發行公司　悅知文化　精誠資訊股份有限公司
地　址　105台北市松山區復興北路99號12樓
專　線　(02) 2719-8811
傳　真　(02) 2719-7980
網　址　http://www.delightpress.com.tw
客服信箱　cs@delightpress.com.tw
ISBN　978-626-7288-05-4
建議售價　新台幣３５０元
首版一刷　２０２１年11月
首版六刷　２０２３年12月

國家圖書館出版品預行編目資料
孤獨,你好：給忙於迎合他人,卻無法喜歡自己的我們／枡野俊明著；黃筱涵譯. -- 二版. -- 臺北市：悅知文化 精誠資訊股份有限公司,2023.03
224面；14.8×21公分
譯自：孤独よ、こんにちは。
ISBN 978-626-7288-05-4 (平裝)
1.CST: 孤獨感 2.CST: 人際關係 3.CST: 生活指導
176.52　112003253
建議分類｜心理勵志

dp 悅知文化
Delight Press

線上讀者問卷 TAKE OUR ONLINE READER SURVEY

恐懼孤獨、
抗拒獨處的話，
終究會開始否定起
自己的人生。

——《孤獨，你好》

請拿出手機掃描以下QRcode或輸入以下網址，即可連結讀者問卷。
關於這本書的任何閱讀心得或建議，歡迎與我們分享 :)

https://bit.ly/3gDIBez